ゴールドシップ伝説　愛さずにいられない反逆児

小川隆行＋ウマフリ

星海社

261
SEIKAISHA SHINSHO

プロローグ

愛さずにいられない

「人生では敗けられないが、遊びでなら敗けられる
そして敗けを知ったものだけが味わえる風景というものがある」

そう書いたのは、寺山修司だった。１９７３年の日本中央競馬会のテレビＣＭのために書かれた「遊びについての断章」という詩の一節である。

サラブレッドを、競馬をこよなく愛した寺山が、敗《ま》けることで味わえる風景があると詠ったことは実に味わい深い。より速く走るために進化と改良を繰り返してきたサラブレッドの世界において、敗北とは、すなわち淘汰と同義であるからだ。

人は、敗けることを怖れる。

敗けることは惨めで、哀れで、残念で、情けないものだ。そして何より、誰にも見向きもされない。敗けてしまったらもう誰にも愛されないという怖れを人は根源的に抱える。

しかし、私たちの心を捉えて離さない名馬たちの足跡はその怖れと矛盾している。

寺山が語るＣＭが流れた73年。競馬を社会現象にまで昇華させたのが、ハイセイコーだっ

た。大井から現れた怪物はしかし、必勝を期したはずの日本ダービーで3着に敗れた。菊花賞でも、タケホープに苦汁をなめさせられ、有馬記念でも他馬の後塵を拝した。しかしそれらの「敗け」がハイセイコーの価値を貶めたかといえば、決してそうではない。

あるいは昭和の終わりに笠松からやってきた、オグリキャップ。日本中に第二次競馬ブームを巻き起こしたこの芦毛の怪物もまた、ずっと勝ち続けていたわけではない。むしろ積み重ねた勝利と同じくらいに、何度も何度もその戦績に刻まれた敗戦が人々の心を惹きつけてやまなかった。同じ芦毛の古馬タマモクロスに連勝を止められた88年秋の天皇賞。前が壁になりながらも、鬼気迫る脚でスーパークリークを追い詰めた89年の天皇賞（秋）。連闘から世界レコードで駆け抜けても、クビ差届かなかった同年のジャパンC。秋6走目、まるで精魂尽き果てたように沈んだ、その年の有馬記念。

「敗け」があったがゆえに、誰もがハイセイコーやオグリキャップから目を逸らせなかった。全力でターフを疾駆する姿に、人は感動に震え、時に地団駄を踏み、時に快哉を叫び、そして、魂を揺さぶられた。競馬史を彩る名馬の足跡には、「敗け」が色濃く刻まれている。

ゴールドシップもまた、その系譜に連なる。

日本競馬史にその名を刻む、GⅠ6勝を含む重賞11勝の偉業。勝つときは、途轍もなく強い勝ち方を披露した。最後方をマイペースで追走し、常識はずれの位置からの超ロングスパートで大まくり。内で脚を溜めていたはずの他馬を直線でさらに引き離す。そうかと思えば時には涼しい顔をして、好位抜け出しの優等生の競馬もしてのける。その破天荒な走りと、無尽蔵とも思えるスタミナ、雄大な芦毛の馬体は、観る者を魅了してやまなかった。

しかし積み重ねたその13の勝利と同じくらいに、15の敗戦についても語りたくなるのがゴールドシップだった。まるで気が乗らないような凡走、あるいは致命的な出遅れ。ほんの僅かでも歯車が狂うと不可解な敗け方をする脆さと繊細さを、ゴールドシップはその内面に秘めていた。それは単なるクセ馬や個性派という枠組みを超えるものだった。

特に古馬になってからは、ゴールドシップが走るたびに、そのレースを観る者は問いを突き付けられた。今日はゲートを出るのか、出ないのか。走るのか、走らないのか。来るのか、来ないのか。信じるのか、信じないのか。

愛するのか、愛せないのか。

その答えを、いつも求められた。なぜ、こんなにもゴールドシップから目を逸らせないのか。なぜ、こんなにも愛さずにはいられないのか。ゴールドシップの雄大な走りに魅せられた分だけ、その問いの答えに窮し、苦悩は色濃くなる。

「人生では敗けられないが、遊びでなら敗けられる」

そう寺山は書いた。しかし何かに敗れても、人生は終わらない。人は敗けを嫌うけれども、さりとて敗けたとしても人の生は続いていく。寺山が語ったところの「敗け」とはそうした一般的な意味での「敗け」と少し違った情景であるように思う。そしてそれはゴールドシップに魅せられた人なればこそ、味わえる風景なのではないか。

「ゴールドシップよ、何があろうとも、わたしはあなたを信じている」

そう言い切ることができたら、どんなにか楽で幸せなことか。それは心底惚れた相手に「わたしはあなたを愛している」と何の衒いもなく伝えられたらという心理と相似である。

そこに抵抗を感じるからこそ、人は信じられない理由を、愛せない理由を、勝手に自分でつくりだす。そしてその理由と自らの愛との狭間で、人は身動きが取れず、どこにも行けなくなる。ゴールドシップが見せてくれるのはそうした私たちの内面の葛藤だ。

寺山が書いた「敗け」。

それはこの葛藤の末に、自分自身を信じられなくなることを指していたのではないか。己が信じたゴールドシップが撃沈しようとも、信じなかったゴールドシップが激走しようとも、いずれも「敗け」ではない。だからこそ寺山は「遊びでなら敗けられる」と書いた。本当の「敗け」とは、目に映る結果によって己の愛を疑い、それを曲げてしまうことである。

翻って考えるに、ハイセイコーもオグリキャップも、そしてゴールドシップもまた、その意味では「敗け」なかった。どれだけ手痛い敗戦を喫しようとも、艱難辛苦があろうとも、最後まで諦めなかった。何よりも、ゴールドシップを支えた人々が諦めなかった。4年続けてGIを勝つという偉業はそうした陣営の信頼とともにあった。

ゴールドシップのルーツとなった牝馬に惚れた、小林英一オーナー。下総御料牧場から連なる牝系を守り続けた出口牧場。その才を信じ切った須貝尚介調教師、暴れる調教に乗り続けた北村浩平調教助手、慈愛をもって接し続けた今浪隆利厩務員。内田博幸騎手をはじめ騎乗した7人の名手たち。

ゴールドシップに関わるすべての人が、信じ続けた。

そして、ゴールドシップの内包する血が諦めさせなかったのかもしれない。何度も何度もひたむきに挑み続け、現役最後の50戦目に多くの人に歓喜をもたらした、父ステイゴールド。怪我、大番狂わせ、降着といった幾多の困難が訪れようとも、何度でも立ち上がった母の父メジロマックイーン。それらの血が、ゴールドシップを「敗け」させなかった。

本書はそんな名馬であるゴールドシップについて語り尽くしたい。

もしあなたがゴールドシップに、何がしかの逃れ難い引力を感じるのであれば——

あなたもまた、ゴールドシップとその周りの人たちと同じように寺山が書いた意味での「敗け」の風景を知っているのかもしれない。それはきっとあなたもずっと誰かを信じ続けてきたことの、まぎれもない証でもある。

（大嵜直人）

引用：寺山修司『馬敗れて草原あり』（新書館　1989年・新装版）より

目次

プロローグ　愛さずにいられない　3

第一部　ゴールドシップかく戦えり　12

［世紀の大一番］
皐月賞　2012年　14
宝塚記念　2014年　20
天皇賞・春　2015年　26

［新馬戦・オープン戦＆重賞］
2歳新馬戦　2011年　34
コスモス賞　2011年　36
共同通信杯　2012年　38
神戸新聞杯　2012年　42

菊花賞　2012年　46
有馬記念　2012年　50
阪神大賞典　2013年　54
宝塚記念　2013年　58
阪神大賞典　2014年　62
阪神大賞典　2015年　66

［伝説の迷勝負］
宝塚記念　2015年　15着　72
天皇賞・春　2013年　5着　76
天皇賞・春　2014年　7着　80

ゴールドシップ全成績　84

第二部　同時代ライバルと一族の名馬たち　86
オルフェーヴル　88
ジェンティルドンナ　92

フェノーメノ 96
ディープブリランテ 98
ハープスター 100
ジャスタウェイ 102
トーセンジョーダン 104
メジロマックイーン 106
ステイゴールド 110
星旗 114

第三部 ゴールドシップを語る 116

馬体 治郎丸敬之 118
血統 望田潤 123
気性・体質 今浪隆利 128
脚質・走法 福嶌弘 132
種牡馬生活 井澤瑞貴 136

第四部　ゴールドシップの記憶　140
ゴールドシップの子どもたち　142
なぜ東京で勝てなかったのか？　146
ゴールドシップの「隠れ記録」　150
年度代表馬に選ばれなかった「黄金の船」　154
ゴールドシップに翻弄された男　158
穴党予想家が振り返るゴルシのシルシ　162
ゴールドシップに引き継がれた「芦毛伝説」　166
ゴールドシップを人間に例えたら？　170
座談会　ゴールドシップとその時代　174
おわりに　186
執筆者紹介　190

写真／フォトチェスナット、産経新聞社、福嶌弘
本書中の表記は2023年4月現在のものです。

第一部 ゴールドシップかく戦えり

6歳時、3度目の出走となった春の天皇賞。“目隠しゲートイン”でGI6勝目を挙げた。

世紀の大一番

伝説の幕開けとなった驚異のワープ、
向こう正面からの圧巻のロングスパート、
見るものの度肝を抜いた豪脚を見よ！

世紀の大一番1

第72回 2012年4月15日

皐月賞GⅠ

唯一無二のワープ戦術で一冠目奪取！オンリーワンホースが誕生した瞬間

時代が21世紀に入った直後、SMAPの「世界に一つだけの花」が大ヒットした。オンリーワンを賞賛するこの曲を聴いて「ナンバーワンよりオンリーワン」を意識した人も少なくない気がした。

この曲の大ヒットから10年後、競馬界にとてつもない「オンリーワンホース」が出現した。ゴールドシップ。「黄金の船」と名付けられたこの馬は、過去のどの名馬も決して真似のできない独特な走法を披露、競馬ファンを魅了した。数々のレース内容は、長らく競馬を見てきたオールドファンの度肝を抜いたと言って過言ではない。

皐月賞の前走・共同通信杯で重賞初勝利を挙げたゴールドシップだったが、本番では4番人気。単勝7・1倍は、28戦した名馬がもっとも低評価だったレースでもある。

1番人気は前走でスプリングSを制したグランデッツァ。3走前の札幌2歳Sではゴールドシップの猛追を半馬身差で退《しりぞ》けており、重賞2勝は出走馬中トップだった。皐月賞を制した父アグネスタキオンの産駒であり、また鞍上のM・デムーロが前走に引き続き騎乗するのも1番人気の材料だった。

2番人気ワールドエースは4戦3勝。きさらぎ賞と若葉Sを連勝しており、父は三冠馬ディープインパクト。「皐月賞馬の産駒として、グランデッツァとどちらが上か」とみる人も少なくなかった。

2頭に次ぐのは共同通信杯、スプリングSとも2着のディープブリランテ。共同通信杯ではゴールドシップに敗れていたが、直線が短く先行有利の中山コースだけに巻き返しが期待されていた。

このほか、ラジオNIKKEI杯でグランデッツァとゴールドシップを封じたアダムスピークや弥生賞の覇者コスモオオゾラなどもおり、正に混戦状態だった。

前日の長雨が止んだことで馬場状態は稍重に回復していたが、9レースの鹿野山特別（1000万下　芝2000m）の走破時計は2分3秒3もかかっていた。この日の芝レースでは先行馬が4コーナーで荒れた内目を嫌い外目を回っていた。これは荒れた内目にノメったり、滑るポイントがあったためだ。馬場も乾いたことで、騎乗する騎手の多くが「伸びのいい外目のコースを走らせたい」とイメージしていた。

スタートで半馬身ほど遅れたゴールドシップは二の脚もつかず、馬群を追走しながら最後方につけた。ハナを切ったメイショウカドマツが内目を嫌いながら1コーナーを回った直後、ゴールドシップは荒れた馬場を避けて2頭分ほど外を走った。ゆったりとしたペースの中、向正面で2番手につけたゼロスがメイショウカドマツを交わし、この2頭は後続に7～8馬身ほどの差をつける。「行った行ったもありうるか」と感じる中、1000m通過は59秒1。稍重にしては速いペースでレースは進んだ。

先頭のゼロスが3コーナーに差し掛かった直後、最後方にいたゴールドシップはピッチを上げて内から押し上げていった。内ラチ沿いを走るゼロスを見ながら、先行各馬は荒れた馬場を避けて外目を走る。大外を回った1番人気グランデッツァと最内を進むゼロスとの間には10頭以上がひしめきあっている。

次の瞬間、ゴールドシップは予測もしない走りを見せた。あえて馬場の悪い内目を走ると、前の14頭を一気に抜き去ったのだ。

勢いがついたゴールドシップは前を行くゼロスを簡単に抜き去ると後続にグングンと差をつける。後方馬群の馬たちが馬場に脚を取られて伸びあぐねる中、ゴールドシップは後続に影さえ踏ませない。「蹄に滑り止めがついているのか？」とさえ感じさせた。

正に「1頭だけ別次元の脚」だった。

レース前、鞍上の内田博幸は「先行できればいい」と考えていたそうである。馬場も緩く、加えて7枠からの後方一気はさすがにきつい。そんな中、スタートで加速はつかず最後方。イメージと真逆のレースになったが、内田騎手は慌てることなく冷静にレースを進めた。「コース取りは狙ってましたか？」と勝利インタビューで聞かれると「(前が開いた瞬間に）外へ出すよりも、内へ入れたほうがいいと判断しました」と答えた。

ゴールドシップの持久力を把握していたからこそ、「今だ！　ここしかない！」と感じて内を突いたのである。

騎手に限らず、一流と称されるアスリートには「状況に対処する判断力と勇気が必要」と言われるが、それを感じた職人仕事が、この瞬間移動を生み出した。

このようなレース展開を目にしたのは、半世紀近く競馬に接してきた中でもこの皐月賞だけである。後に「ゴルシワープ」と称された走りは正にオンリーワン走法。「類まれなるスタミナ」と「愛馬の長所を把握していた鞍上」とのマッチングから生まれた。

大胆なマクリを武器にGⅠを6勝したゴールドシップ。先行馬を何度もごぼう抜きしてファンの度肝を抜いたが、その先駆けとなった皐月賞のレース内容は「競馬史上で唯一無二」と感じている。能力の片鱗を見せつけ、後世まで語り継がれる芸術となった。

すさまじいスタミナを「出せるか否か」。気分良く走った際と、嫌気がさした際の結果の差も、今になるとゴールドシップの魅力だと感じてならない。


（小川隆行）

開いた内を突いてGI初制覇（左から2頭目）。伝説の幕開けとなった皐月賞。

ゴルシ伝説の第1章、観衆の度肝を抜いた「オンリーワン走法」

展開がレースを左右するのはよくあることだが、開いた内を突いた追い込み馬が一瞬のうちに先頭に立つようなレースはなかなかお目にかかれない。直線の短い中山コースにおける「追い込み馬同士のワンツーフィニッシュ」も、87年のサクラスターオー＆ゴールドシチー以来だった。

ゴールドシップ 世紀の大一番 1

2012年4月15日

第72回 皐月賞GI

中山　芝右　2000m　3歳オープン　晴　稍重

レース結果

着順	枠番	馬番	馬名	性齢	斤量	騎手	タイム	着差	人気
1	7	14	ゴールドシップ	牡3	57	内田博幸	02:01.3		4
2	5	9	ワールドエース	牡3	57	福永祐一	02:01.7	2.1/2	2
3	3	6	ディープブリランテ	牡3	57	岩田康誠	02:01.8	3/4	3
4	7	15	コスモオオゾラ	牡3	57	柴田大知	02:01.8	ハナ	6
5	8	18	グランデッツァ	牡3	57	M・デムーロ	02:02.0	1.1/4	1
6	4	8	サトノギャラント	牡3	57	横山典弘	02:02.0	ハナ	9
7	4	7	ベールドインパクト	牡3	57	藤岡佑介	02:02.1	クビ	13
8	2	4	メイショウカドマツ	牡3	57	藤岡康太	02:02.1	ハナ	11
9	1	1	モンストール	牡3	57	柴田善臣	02:02.2	1/2	16
10	5	10	スノードン	牡3	57	北村友一	02:02.3	3/4	18
11	3	5	アーデント	牡3	57	藤田伸二	02:02.3	ハナ	8
12	2	3	トリップ	牡3	57	田辺裕信	02:02.4	クビ	7
13	6	12	フジマサエンペラー	牡3	57	田中勝春	02:02.5	1/2	17
14	8	17	ロジメジャー	牡3	57	安藤勝己	02:02.6	3/4	15
15	7	13	シルバーウエイブ	牡3	57	北村宏司	02:02.6	アタマ	14
16	6	11	マイネルロブスト	牡3	57	武豊	02:02.7	3/4	10
17	8	16	ゼロス	牡3	57	川田将雅	02:03.5	5	12
18	1	2	アダムスピーク	牡3	57	N・ピンナ	02:04.8	8	5

世紀の大一番 2

第55回 2014年6月29日

宝塚記念ＧⅠ

「お願いします」が通じた！ それまでのモヤモヤを吹き飛ばす丸1年ぶりのＧⅠ制覇

「ユタカ、まるでメジロマックイーンみたいじゃないか？」。ある日の栗東トレーニングセンターでの光景だった。初めてゴールドシップの手綱を任されることになったその男は、90年代の「芦毛伝説」を紡いだ名馬の姿を背中越しに重ね合わせながら、上機嫌でかつての主戦騎手・武豊騎手に語りかけていた。

声の主は、横山典弘騎手。抜群の勝負勘と大胆な騎乗で数々のビッグレースを制してきた関東の名手が新たにパートナーとして迎え入れられたのは、ゴールドシップが7着に敗れた天皇賞（春）のあとのことだった。史上初となる宝塚記念の連覇を目指し、レース前の3週間にわたって美浦から栗東へと駆けつけ調教パートナーを務めることに。最初は互いに手探り状態で、緊張感に包まれながらのコンタクトだったようだが、日を追うごとに気持ちが通い合うようになったという。かつてメジロライアンの主戦として何度も激闘を繰り広げ、その強さを間近で感じてきたメジロマックイーン。他ならぬゴールドシップの母父でもある往年の名ステイヤーを引き合いに出したのも、それだけ相棒との仲が深まり、信頼が築き上げられた証だったと言えるだろう。

前年のジャパンCでは全く走る気を見せず15着と大敗。前走の天皇賞（春）でも、スタート直前に係員がおしりを触ったことに気分を害したらしく、ゲートの中で暴れ大きく出遅れ。メンタルが不安定な状態が続く中で大ベテランが徹底して心がけたのは、繊細な気持ちを汲み取り、とことんゴールドシップに寄り添うこと。調教に騎乗した際も「まともに走れば能力はある。『ああしろ、こうしろ』ではなく『お願いします』という心で接してきた」と語った。三度の追い切りではムチを一発も入れることなく、ひたすらゴールドシップのご機嫌を取ることだけに心血を注いだ。その甲斐もあって調教での走りにも人馬の一体感が生まれ、中間の調整を見守ってきた須貝尚介調教師も「すっかり仲良くなったようだね。二人は友達みたいだよ」と順調な調整ぶりに目を細めていた。

「本来の走りを見せてくれ」と願っていたのは、彼を愛するファンも同じだった。常識破りのスタイルで次々にGIを制した3歳時に比べると、その勢いも陰りが目立ち始めていた。それでもファン投票では51366票を集め堂々の1位。そして、馬券でも単勝2・7倍の1番人気に支持された。走る気にさえなってくれれば、きっと…神様に願い事をするかのようなファンの切なる想いは、「状態はいい。でも不安といえば全てが不安。当日どんな気分になっているかだね」という横山典の言葉とも重なった。

誰もが期待と不安を交わらせながら、スタートの瞬間を迎えた。するとゲートが開いてわずか数秒で、明るい希望の光が差し込んだ。ダッシュこそいつも通り速くはなかったものの、鞍上が促すわけでもなく、彼自身の意思でスイスイとポジションを押し上げていったのだ。1コーナーへ入るまでに労せず4番手の絶好位を確保すると、道中も実に気分良さそうに追走。後方待機から直線で豪快に追い込むいつものスタイルとはひと味違う、スマートなレース運びだ。先行集団を射程圏内に入れたまま4コーナーに入ると、ここで初めて横山典がムチを一発振り上げる。自分の気持ちを理解してくれたパートナーからの激励を合図に、前走ではくすぶっていたエンジンが点火。前日からの雨で湿った馬場に苦しむジェンティルドンナやウインバリアシオンらを尻目に、猛然と末脚を繰り出す。直線の坂を登って残り200mの地点で先頭に躍り出ると、あっという間に後続を突き放し、2着に粘るカレンミロティックに3馬身の差をつける圧勝。それまでのモヤモヤを吹き飛ばす丸1年ぶりのGI制覇は、短い期間でゴールドシップの心を察し、綿密なコミュニケーションを重ねてきた横山典の、そしてショッキングな敗戦を重ねてもなお復権を信じ続けたファンの「お願いします」の想いが届いた瞬間でもあった。

ジョッキーの仕事とは馬の能力を最大限に発揮させること。もちろん実戦での手綱さばきやポジショニングなどの技術も問われるが、それまでの過程で馬の気持ちを理解し、前向きにさせるモチベーターとしての役割も重要となる。それこそメジロマックイーンの時代から数え切れないほど多くの馬と接してきた大ベテランだからこそ成し得た「好騎乗」だったと言えるだろう。

「ゴールドシップは賢い馬。初めて乗ったときから、みんなが言うほど気の悪い馬だとは思わなかった。いい意味でイメージとは違った」と横山典。先入観や他人からの情報に惑わされることなく、自らの感性を研ぎ澄ませ相棒とまっすぐ接したことで、その本質を見抜くことができた。だからこそゴールドシップも新たなパートナーに対して心を開き、本来の実力を発揮することができたのだろう。

歴戦のベテランジョッキーとの新たな出会いのおかげで息を吹き返したゴールドシップ。先行きが不明瞭だった航路の軌道修正に成功し、秋は札幌記念をステップにフランスの凱旋門賞へ挑戦することが決定した。もちろん鞍上は引き続き横山典。札幌記念では、同じく凱旋門賞に参戦する3歳牝馬ハープスターとの一騎打ちの末に2着。見応えたっぷりの名勝負を演じ、堂々と日本代表の1頭として海を渡ることとなった。残念ながら結果は14着と振るわなかったが、芦毛の馬体があのロンシャン競馬場に悠然と姿を現した瞬間の感動は、彼の蹄跡とともに今もファンの脳裏にしっかりと焼き付いている。


（橋本祐介）

4番手先行から抜け出し勝利。阪神は8戦6勝と大得意なコースだった。

ゴルシ伝説第2章、パートナーの能力を発揮させた名騎手の手綱

ゴールドシップのレースごとの位置取りをみると、前々走の阪神大賞典は［2-2-2-2］、前走の天皇賞（春）は［18-18-15-14］。行き脚がつかないのではなく、乗り役が行き脚を出せない騎乗をしたのかもしれない。そんな愛馬の不安要素を見抜いた横山典弘騎手が調教から付き添った結果、人馬の間に目に見えぬ「絆」が生じ、ゴールドシップは本来の持ち味を発揮した。

ゴールドシップ **世紀の大一番 2**

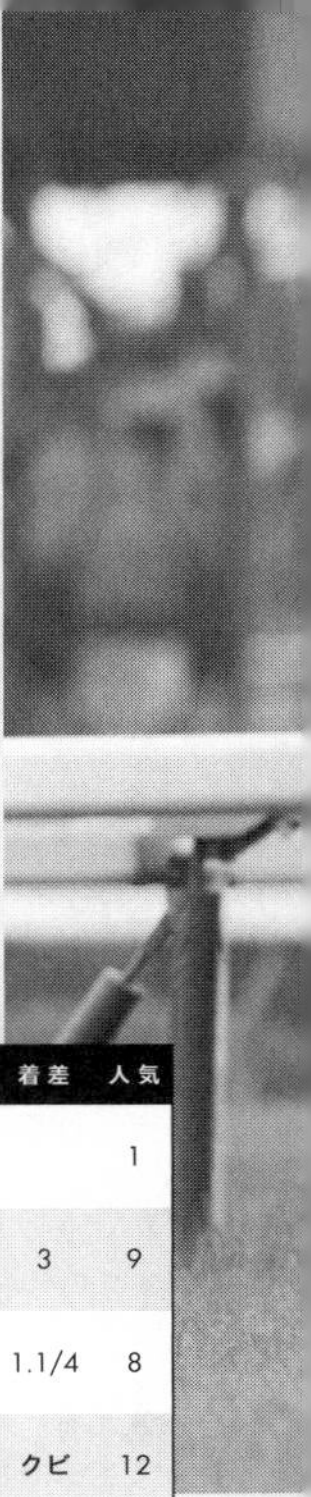

2014年6月29日

第55回 宝塚記念GI

阪神　芝右　2200m　3歳以上オープン　曇　良

レース結果

着順	枠番	馬番	馬名	性齢	斤量	騎手	タイム	着差	人気
1	8	11	ゴールドシップ	牡5	58	横山典弘	02:13.9		1
2	5	5	カレンミロティック	セ6	58	池添謙一	02:14.4	3	9
3	3	3	ヴィルシーナ	牝5	56	福永祐一	02:14.6	1.1/4	8
4	4	4	ヒットザターゲット	牡6	58	武豊	02:14.6	クビ	12
5	2	2	デニムアンドルビー	牝4	56	浜中俊	02:14.6	ハナ	6
6	8	12	フェイムゲーム	牡4	58	北村宏司	02:14.7	クビ	7
7	6	7	ウインバリアシオン	牡6	58	岩田康誠	02:14.8	3/4	2
8	1	1	ホッコーブレーヴ	牡6	58	戸崎圭太	02:14.8	ハナ	5
9	5	6	ジェンティルドンナ	牝5	56	川田将雅	02:15.1	1.3/4	3
10	6	8	トーセンジョーダン	牡8	58	内田博幸	02:15.3	1.1/4	11
11	7	10	メイショウマンボ	牝4	56	武幸四郎	02:15.4	クビ	4
12	7	9	ヴェルデグリーン	牡6	58	田辺裕信	02:16.1	4	10

世紀の大一番 3

第151回 2015年5月3日

天皇賞・春GI

「僕と彼との戦いでした」騎手と馬の言葉なき対峙が呼び込んだ念願の勝利

緑一色の京都のコースに、パドックでの周回を終えたゴールドシップがどの馬よりも早くやってきた。レース開始まであと15分。どよめきと拍手を一身に集めて、ゆっくりと弾みをつけて軽快に走り出す。76000人の視線はそっちのけ、まるでここには横山典弘騎手とゴールドシップしかいないみたいに、伸び伸びと駆けていく。今日の舞台を確かめていく。

よどみないこの動き一つ取っても、容易なものではなかったはずだ。数日前、スポーツ紙の競馬欄に前脚を突き上げ二本脚で立ち上がるゴールドシップの姿が報じられていた。調教を終えたゴールドシップは、先ゆく牝馬を見つけてついつい興奮してしまったという。かろうじて摑まっている鞍上も、宙に浮きながらも頑なに手綱を放さない今浪隆利厩務員も命からがらだ。

歳を重ねて、ずいぶんと気難しい馬になってしまった。それでも昨年二度目の宝塚記念を制し、日の丸を背負って凱旋門賞にも挑んだ。GI5勝の優れた実績に、2014年の宝塚記念、有馬記念ファン投票ではいずれも1位。時代のトップホースとなった。しかし最近では気性のせいか力を出し切ることなく終えるレースが目立ち、宝塚記念以降、ＧＩでの勝ち星は遠ざかっていた。それに加えてスピードと瞬発力が求められる京都はゴールドシップ向きではないと評されたか、この日は1番人気を年下のダービー馬キズナに譲ってしまった。

およそ滞りなく返し馬を終えたゴールドシップは向正面のゲートへと遠ざかっていった。それから他の出走馬たちがぞろぞろと天皇賞の舞台に入ってきて、それぞれにスタート地点へと走り出した。

発走の時が次第に近づく。ファンファーレののち、続々奇数番の馬が入っていく。みな十分に訓練された馬たちだ。あらがうことなく大人しく、どこか事務的にゲートに収まっていく。

ところがゴールドシップはゲートを前に頑として動かない。さっきまで伸びやかに走っていたのにどこで気を悪くしたのか、押せども引けども退くばかり。常々心を通わせてきた今浪厩務員が励ましても聞く耳を持たず、ついには蹴り上げ手綱を摑む係員が宙に浮く。後ろを向かせて促しても、やはりゲートの前ではかったように立ち止まる。スタンドもざわめき始め、時間ばかりが刻一刻と過ぎていく。一方すでに枠入りした馬たちはしゃんと立っている。しばらく押し問答が続いたあと、係員は用意していた目隠しを取り出し、これまた事務的にゴールドシップの目元に取り付けた。

これでなんとかゴールドシップはゲートに収まった。続く偶数番の馬たちが足早にゲートに歩を進め、半ば慌ただしく天皇賞のゲートが開いた。ポップコーンが弾けるように一同ポンと飛び出した。ゴールドシップも問題なし。出足の速い馬たちは続々と進む。鞍上が強く促したが、ゴールドシップは彼らには付いていこうとしなかった。ならば、と先ゆく馬たちを遠く見送り、横山典騎手は静かに最後方にとどまることにした。ゴールドシップの気分を害するわけにはいかなかったとのちに語る。

一同は最初のコーナーにかけての高低差4mの坂を駆け上がっては緩やかに下る。スタンドに差し掛かる頃にはそれぞれ自らの位置を定め、滞りなく長丁場を走り進めていく。ちょうど最初の1000mを終え、スタンドに戻ってきた馬たちを歓声が出迎えた。この時、横山典騎手はゴールドシップを馬群と離れたコース中央寄りをゆったり走らせていた。ゲート前の一悶着などなかったかのように、波風一つなく穏やかに自分のペースを保っている。次のコーナーを迎える頃、吸い寄せられるようにゴールドシップは馬込みへと身を寄せていった。

観客は騎手の思惑にもどかしく対峙していたことだろう。ゴールドシップは過去二度このレースに出走していずれも敗戦。前走での怪我も心配されていた。今回も出走させるか最後まで決めかねていた陣営を横山典騎手が「秘策がある」と口説き落としていた。何か想像もつかないようなことをやってくれるかもしれない。

2000mを過ぎた時、ふいにレースの潮目が変わった。向正面も半ば、突如鞍上はゴールドシップを激しく叱咤して突き動かした。まだ遠くに上り坂を控えているにもかかわらず、ゴールドシップは前へ前へと進出する。それに釣られて縦長の馬群は脚を溜める間を失い、みるみるうちにゴールドシップのペースに巻き込まれていく。ゴールドシップは徐々に位置を押し上げながら坂を駆け上がる。

天井知らず、どこまでも力が湧いてくる。ちっともへこたれる様子もない。ゴールドシップは止まらない。

ほとんどゴールドシップがレースを支配していた。早め先頭にいたカレンミロティックを視界に捉えると、そこから再びエンジンを噴かす。しぶとく伸びて差は詰まり、ゴールを目前に据えたところで頭一つ抜け出した。なおも外からフェイムゲームが鋭く猛追、馬体が並んだところがゴール板だった。スローモーションのゴール前が場内に流れる。コマ送りの決勝線、ゴールドシップはたしかに凌ぎ切っていた。僕と彼との戦いでした、とのちに横山典騎手。ダービー馬も含めた17頭のレースながら、振り返れば騎手とゴールドシップの言葉なき対峙そのものだった。

息詰まる無言の対局を終えた鞍上は戻り際、ふいに天を仰ぎみては、まるで誰かに感謝するように合わせた両の掌を空高く突き上げた。

（手塚瞳）

ゴルシ史上最長のロングスパート。２着とはクビ差だが、内容は途轍もなかった。

ゴルシ伝説の第３章、三度目の挑戦で手にした「春の盾」

過去二度敗退している春の天皇賞。菊花賞を制して以降、ゴールドシップは京都コースで５・５・７着と馬券圏内に入ったことがなかった。菊花賞馬と春の天皇賞は相性がいいことで知られているが、３回も凡走を繰り返した挙げ句、６歳で勝った馬など記憶にない。「普通の物差しでは測れない」と感じたファンも少なくなかっただろう。

ゴールドシップ **世紀の大一番 3**

2015年5月3日

第151回 天皇賞・春GI

京都　芝右　3200m　4歳以上オープン　晴　良

レース結果

着順	枠番	馬番	馬名	性齢	斤量	騎手	タイム	着差	人気
1	1	1	ゴールドシップ	牡6	58	横山典弘	03:14.7		2
2	7	14	フェイムゲーム	牡5	58	北村宏司	03:14.7	クビ	7
3	1	2	カレンミロティック	セ7	58	蛯名正義	03:14.8	3/4	10
4	2	4	ラストインパクト	牡5	58	川田将雅	03:14.9	クビ	5
5	2	3	ネオブラックダイヤ	牡7	58	秋山真一郎	03:15.0	1/2	16
6	3	6	ホッコーブレーヴ	牡7	58	幸英明	03:15.0	ハナ	11
7	7	13	キズナ	牡5	58	武豊	03:15.2	1.1/4	1
8	5	10	ラブリーデイ	牡5	58	C·ルメール	03:15.2	クビ	8
9	8	15	サウンズオブアース	牡4	58	内田博幸	03:15.4	1	4
10	6	12	デニムアンドルビー	牝5	56	浜中俊	03:15.6	1.1/4	9
11	6	11	フーラブライド	牝6	56	酒井学	03:15.6	クビ	14
12	8	16	ウインバリアシオン	牡7	58	福永祐一	03:15.8	3/4	6
13	4	7	トーセンアルニカ	牝5	56	池添謙一	03:16.3	3	17
14	3	5	タマモベストプレイ	牡5	58	津村明秀	03:16.4	1/2	15
15	8	17	アドマイヤデウス	牡4	58	岩田康誠	03:17.5	7	3
16	5	9	クリールカイザー	牡6	58	田辺裕信	03:17.8	2	12
17	4	8	スズカデヴィアス	牡4	58	藤岡佑介	03:17.9	クビ	13

新馬・オープン戦 & 重賞レース

黄金の配合から新たな怪物が登場！
型破りな勝利と不可解な敗戦を繰り返す
波乱に満ちた黄金航路はここから始まった

圧倒的人気に応え菊花賞制覇。皐月賞に続いての常識破りな勝ち方。

新馬戦

2011年7月9日
函館　芝右　1800m　晴　良

2歳新馬

伝説の始まり…黄金の配合から飛び出た新星は芦毛の超個性派だった

ゴールドシップがデビューを果たした2011年。その春のクラシック戦線は、とある新星が席巻していた。その名はオルフェーヴル。皐月賞は単勝4番人気の評価ながら3馬身差の完勝。続く日本ダービーでも不良馬場を力強く駆け抜けて二冠を達成。GⅠ3勝馬ドリームジャーニーの全弟として早くから期待を集めていた素質馬のポテンシャルが一気に開花した。

オルフェーヴル、ドリームジャーニーの兄弟といえば、父ステイゴールド×母父メジロマックイーンの配合によって誕生したことでも知られている。この組み合わせは他にもGⅢ京成杯の勝ち馬フェイトフルウォーが登場するなど、少ない事例から活躍馬が次々に現れたことで「黄金の配合」と呼ばれるようになった。

そんな状況で新たに「黄金の配合」によって生まれた2歳馬がデビューするとあって、話題を集めていたのがゴールドシップだ。母はポイントフラッグ。現役時代は桜花賞やオークスにも出走し、同期の名牝テイエムオーシャンやレディパステルらと何度も対戦した活躍馬である。

このレースで話題を集めていたもう1頭の有力馬が、藤沢和雄厩舎のディープインパクト産駒サトノヒーローだった。東の名門が送り出す良血馬で、しかも鞍上には武豊騎手を配するという、東西の「最強タッグ」にも期待が寄せられ単勝1・8倍の圧倒的人気に。ゴールドシップは2番人気とはいえ、単勝7倍と離されてのものだった。

ゲートが開いてすぐ、先頭を奪ったのはサトノヒーロー。そのまま馬群を引き連れて逃げの手を打つ。ゴールドシップはスタートでやや遅れ、後方からインコースを追走。3コーナーを過ぎたあたりから徐々に前との差を詰めると、直線ではサトノヒーローに代わって先頭に躍り出たコスモユッカを目掛けスパートを開始。残り100m地点でもまだ2馬身ほどの差があったが、唸るような末脚でゴール直前に差し切り勝ち。後続を4馬身離してのマッチレースを制した勝ちっぷり、そして勝ち時計も1分51秒2と2歳レコードタイムを更新したことで、「黄金の配合」から新たな怪物が誕生したかとたちまち話題になった。

後に型破りのスタイルでクラシック二冠を制し、GIを6勝する稀代の個性派は、鮮烈なインパクトとともにターフにその第一歩を刻んだ。ゴールドシップの「伝説」はこうして幕を開けたのである。

（橋本祐介）

1着	**ゴールドシップ**	秋山真一郎	01:51.2
2着	**コスモユッカ**	丹内祐次	アタマ
3着	**マイネルサムアップ**	鈴来直人	4

オープン戦

2011年9月10日
札幌　芝右　1800m　晴　良

コスモス賞

秋山騎手とのコンビで連勝
大きな可能性を感じさせる走りを披露

圧巻の新馬戦レコード勝ちから2ヶ月。ゴールドシップ陣営が2戦目に選んだのは、1800mのオープン特別コスモス賞だった。ここをステップに札幌2歳Sを目指すのが、北の大地からクラシックを目指す若駒の王道ローテ。過去にはチアズグレイスやヤマニンシュクルらがこのレースを勝って後にGIのタイトルも手にした「出世レース」の一つでもある。

新馬戦で見せた豪快な末脚が話題を呼び、他に強力なライバルも不在とあって、ゴールドシップは単勝1・2倍の圧倒的人気を集めた。レースでも最後の直線で楽な手応えのまま先頭に立つと、ラスト100m近くは鞍上が手綱を抑える余裕すら感じさせる完勝。デビュー戦で見せた素質の片鱗が本物であることを示し、翌春のクラシック候補として名乗りを上げることとなった。

デビューからの2戦でコンビを組んだのは秋山真一郎騎手。97年の騎手デビューから毎年コンスタントに勝ち星を挙げ、若くして名牝キョウエイマーチなどの手綱も任されてきた経験豊富な名手である。

ただ、それまでGⅠのタイトルには縁がなかっただけに、この馬に期するものも大きかったに違いない。コスモス賞を制したあとも「ここでは力が違いました。とにかく順調にいってほしい」と称賛のコメントを残したように、彼もまたゴールドシップの大きな可能性を感じ取った一人だった。

しかし運命とは皮肉なもので、秋山騎手にはもう1頭の有力なお手馬がいた。未勝利戦で8馬身もの差をつけ圧勝したアグネスタキオン産駒のグランデッツァである。この2頭が札幌2歳Sで対戦することとなり、秋山騎手はグランデッツァに騎乗することに。札幌2歳Sでは見事ゴールドシップ以下を抑え込み勝利を収めた。

結果的にグランデッツァもクラシック本番を前に乗り替わりを余儀なくされ、タイトルには手が届かなかったが、カレンブラックヒルとのコンビでNHKマイルCを制し念願のGⅠ初制覇。さらにゴールドシップと同じ須貝尚介厩舎のローブティサージュでも阪神ジュベナイルFを制し、一気に騎手としての充実期を迎えた。再びゴールドシップとのコンビでレースに臨むことはなかったが、美しい騎乗フォームにも定評のある秋山騎手は果たしてGⅠの舞台でゴールドシップをどのように乗りこなしたのだろうか。そんな情景を見てみたかったという思いもある。

（橋本祐介）

1着	ゴールドシップ	秋山真一郎	01:53.6
2着	ニシノカチヅクシ	勝浦正樹	3/4
3着	コスモワイルド	津村明秀	クビ

重賞1

第46回　2012年2月12日

共同通信杯　GⅢ

ファンを惑わし魅了させた東京コース唯一の勝利

人気馬ステイゴールド産駒で、一部で熱狂的なファンを持つ芦毛馬。しかもその毛色は比較的早い段階から白っぽさが目立ち始める。戦績の方もJRAで27戦してGⅠ6勝、GⅡ4勝、GⅢ1勝を含む通算13勝。その内訳が3歳時に皐月賞、菊花賞、有馬記念を制して、古馬になってからは阪神大賞典3連覇などがあり、単なるアイドルどころか、歴史的名馬として並び称されて不思議のない結果も残してきた。だが1年上にオルフェーヴルが、同期には名牝ジェンティルドンナがいたため、年度代表馬に選出されることなくキャリアを終えた。そして〝歴史的名馬〟の替わりに〝稀代のクセ馬〟のように語られることになる。気性の激しさからくる好凡走の繰り返しがその要因だが、それも時として大きく出遅れてみたり、まったく本来の行きっぷりがなく、わかりやすく集中力を欠いたレースぶりを見せるため、「期待通りに走ってくれないファン泣かせの馬」としてのイメージも大きい。

しかし戦績を詳細に見ていくと、必ずしも摑みどころがなかったわけではない。大出遅れや、走る気をまったく見せないといったケースは事前に予期できないとしても、例えば直線の長いコースより中山、阪神の方に適性があるとか、長丁場で適度に時計のかかるレースが向くであるとかは、ある程度わかっていたのではないだろうか。ただ、これらのことが明確に表面に出てきたのは晩年になってからだった。なぜゴールドシップの〝個性〟を掴むのに時間を要したのか。その原因は3歳初戦の共同通信杯の勝ちっぷりにあったように思う。あの走りですっかりファンは魅了された。そして稀代の名馬に惑わされることになった。

2歳夏のデビュー戦をレコード勝ちし、続くコスモス賞も遊びながらで完勝。3戦目の札幌2歳Sで初めて土がついたが、出遅れから窮屈な馬群を割っての僅差2着。ここまでがすべて1800m。立て直され、2000mに延びたラジオNIKKEI杯はやはり出遅れながらマクッて出て2着。底を見せないまま2歳戦を終え、クラシックへ向かうための年明け緒戦に選んだのが東京の共同通信杯だった。函館デビュー後に札幌2戦。そして阪神と転戦し、ここで初めて左回りの、直線の長い東京で走ることになった。「幼さが残って出遅れ癖はありながらも、直線では確実に末脚を使うタイプ」というイメージが確立しつつある中での東京コース。アイドル候補生の、本当の意味で将来を占う試金石だったのだろう。

そのレースでゴールドシップは、それまでにない走りを見せる。テンの3ハロン37秒3、1000m通過62秒6という超スローペースだったが、スタートをバシッと決め、3番手でピタッと折り合って追走。残り1ハロンを過ぎて前に並ぶと、ほとんど追ったところなく抜け出して2着馬に1馬身4分の3の差をつけてしまった。レースの上がりは33秒3で、好位から差してのこの着差は、圧勝と言っていい内容だった。ゴールドシップの最初の覚醒がこのレースだったことは確かだろう。それは「左回り」で「直線の長いコースでこそ」という最初のイメージを作りあげることになり、目の肥えたファンはこのレースぶりで将来性の高さを確信したはずだ。ところが、道悪（稍重）の皐月賞を内マクリで鮮やかに差し切った後、日本ダービーは5着に敗れる。その敗因について「気性からくる距離不安」と思ったファンの多くが迷宮に入り込む。秋の神戸新聞杯→菊花賞→有馬記念の3連勝を見せつけられ、しかも古馬になって4～6歳時に阪神大賞典を3連覇し、宝塚記念は4～5歳時に連覇。かと思えば天皇賞（春）の勝利は6歳時までお預けに。キャリアの最終盤にきて、「勝負どころで追走に苦しまなくて済むコース、またそうしたペースに高い適性があった」という仮説が有力になるが、すべてはゴールドシップの〝気持ち一つ〟だったことは否定できない。

人間が勝手に馬の〝タイプ〟を決めつける、それも3歳春というサンプルが多くない段階でやってしまうのは、サラブレッドとの向き合い方として、あまり賢い方法ではないのだろう。いつ走るのかわかりにくいゴールドシップの〝難しさ〟は、そういうことを、ある意味で〝わかりやすく〟教えてくれた例だったのかもしれない。

（和田章郎）

2012年2月12日

第46回 共同通信杯GⅢ

東京　芝左　1800m　3歳オープン　晴　良

レース結果

着順	枠番	馬番	馬名	性齢	斤量	騎手	タイム	着差	人気
1	3	3	ゴールドシップ	牡3	57	内田博幸	01:48.3		2
2	2	2	ディープブリランテ	牡3	57	岩田康誠	01:48.6	1.3/4	1
3	7	8	スピルバーグ	牡3	56	北村宏司	01:48.6	ハナ	3
4	4	4	ストローハット	牡3	56	T・クウィリー	01:48.7	1/2	4
5	7	9	コスモオオゾラ	牡3	56	柴田大知	01:48.9	1.1/4	7
6	8	11	エネアド	牡3	56	蛯名正義	01:49.0	3/4	5
7	6	7	ジャングルクルーズ	牡3	56	横山典弘	01:49.3	2	6
8	6	6	ブライアンズオーラ	牡3	56	三浦皇成	01:49.3	アタマ	10
9	8	10	アーカイブ	牡3	56	田辺裕信	01:49.4	クビ	8
10	1	1	ガッテンキャンパス	牡3	56	木幡初広	01:49.6	1.1/4	11
11	5	5	タガノグーフォ	牡3	56	柴田善臣	01:49.9	2	9

重賞2

第60回 2012年9月23日

神戸新聞杯 GⅡ

集結したディープの良血馬を一蹴！ 圧倒的な強さを見せつけ菊の舞台へ

デビュー7戦目で初めて連対を外し、挫折を味わったダービーから4ヶ月。ゴールドシップの姿は、仁川の地にあった。後に「あの」大出遅れを喫するとはいえ、キャリア通算では8戦6勝2着1回と超がつくほど得意にした阪神競馬場。ラジオNIKKEI杯以来二度目の登場となったのが、この神戸新聞杯である。

ダービーで苦杯をなめさせられたディープブリランテこそ出走しなかったものの、この時ゴールドシップの前に立ちはだからんとしたのは、マウントシャスタ、ヒストリカル、ベールドインパクトの3頭。いずれもディープインパクト産駒で、それぞれが兄姉に重賞ウイナーを持つ良血。血統だけでいえば、ゴールドシップはもちろんのこと、同じ父を持つディープブリランテよりも上で、なかでもヒストリカルとベールドインパクトは、GIウイナーを兄姉に持つ超良血馬だった。

このメンバーでは唯一のGI馬で、実績断然のゴールドシップでも油断できないライバルたち。3頭とも重賞かオープンを勝利した実績があり、中でもマウントシャスタは、前走の宝塚記念でオルフェーヴルやルーラーシップなど、古馬の超一線級相手に0秒8差の5着と好走。同じく単勝2倍台のオッズで、ゴールドシップに勝るとも劣らない実力の持ち主と見られていた。

しかし、阪神芝2400mといえば、ゴール前の急坂を二度も駆け上がり、最後の直線は470mを超える国内屈指のタフなコース。さらに距離が延びる菊花賞がこの後に控えているとはいえ、3歳馬にはまだまだ厳しいこの条件で、ゴールドシップと互角に渡り合える同世代のライバルなど存在するはずがなかった。

ゲートが開くと、この日もスタート直後からやや気合をつけられたゴールドシップは、後ろから4頭目の12番手に位置して1コーナーへと進入。一方、前はフミノポールスターが軽快に逃げ、2馬身差でメイショウカドマツが続く展開となった。

前半1000m通過は1分0秒7。どちらかといえば、平均よりも少し遅いペースで流れていたものの、先頭からゴールドシップまではおよそ20馬身。そして、最後方のローゼンケーニッヒまでは25馬身ほどと、かなり縦長の隊列になっていた。

その後3コーナーに入り、残り1000mの標識を過ぎたところで、メイショウカドマツがフミノポールスターに並びかけようとしてペースアップ。同様に中団以下の各馬もスパートを開始してゴールドシップも8番手までポジションを上げ、続く4コーナーで出走15頭が12～13馬身ほどの差に凝縮し、レースは最後の直線勝負を迎えた。

直線に入ると、先頭に立っていたメイショウカドマツが失速。かわって、ユウキソルジャーとブレイズアトレイルが前に出ようとするも、それとほぼ同じタイミングでゴールドシップがこれらをまとめて交わし、急坂を前に早くも先頭へと躍り出た。

追ってきたのは、道中ほぼ同じ位置にいたロードアクレイムと、それより少し前にいたマウントシャスタ。懸命に食らいつこうとするも、ゴールドシップの勢いが得意の坂で衰えるはずはなく、なかなか差を詰めることができない。

結局、2馬身半の差を最後までキープしたゴールドシップは、格の違いを見せつけるように悠々と先頭でゴールイン。こちらもディープインパクト産駒で、母がオークス馬レディパステルという良血のロードアクレイムが2着に続き、マウントシャスタは3着だった。

前走と同じ直線の長いコースで再びキレ負けするのではないか——。

そんな不安がオッズに表われていたものの、ダービーで先着を許したライバルが出走しないここは、前哨戦とはいえ、結果も内容も問われるレース。その一戦で盤石の走りを披露したゴールドシップは、秋、最後の一冠を掴み取るため、菊花賞、そして有馬記念という大海原へ漕ぎ出していくのであった。

（齋藤翔人）

ゴールドシップ 重賞レース 2

2012年9月23日
第60回 神戸新聞杯GⅡ

阪神　芝右　2400m　3歳オープン　晴　良

レース結果

着順	枠番	馬番	馬名	性齢	斤量	騎手	タイム	着差	人気
1	8	14	ゴールドシップ	牡3	56	内田博幸	02:25.2		1
2	4	6	ロードアクレイム	牡3	56	福永祐一	02:25.6	2.1/2	8
3	6	11	マウントシャスタ	牡3	56	川田将雅	02:25.9	1.3/4	2
4	2	2	ユウキソルジャー	牡3	56	秋山真一郎	02:26.3	2.1/2	9
5	6	10	ローゼンケーニッヒ	牡3	56	小牧太	02:26.4	3/4	10
6	3	5	エーシングングン	牡3	56	幸英明	02:26.4	ハナ	14
7	4	7	ヒストリカル	牡3	56	浜中俊	02:26.5	3/4	3
8	1	1	ミルドリーム	牡3	56	江田照男	02:27.0	3	6
9	3	4	カポーティスター	牡3	56	武豊	02:27.0	ハナ	5
10	5	9	ベールドインパクト	牡3	56	四位洋文	02:27.1	1/2	4
11	5	8	メイショウカドマツ	牡3	56	藤岡佑介	02:28.2	7	7
12	8	15	ブレイズアトレイル	牡3	56	岩田康誠	02:28.3	3/4	11
13	7	12	フミノポールスター	牡3	56	太宰啓介	02:29.3	6	12
14	2	3	テイエムハエンカゼ	牡3	56	国分優作	02:29.9	3.1/2	15
15	7	13	ナムラビクター	牡3	56	和田竜二	02:31.2	8	13

重賞3

第73回　2012年10月21日

菊花賞GI

皐月賞に次ぐGI2勝目はセオリー無視の最終コーナー

今思えば、ゴールドシップはレース前から自身の勝利を確信していたのかもしれない。

この年の菊花賞の最大の見どころはゴールドシップとダービー馬ディープブリランテとの対決だったが、ディープブリランテはレースの2日前に右前脚に屈腱炎を発症して出走回避。ダービー2着のフェノーメノは矛先を天皇賞（秋）に向け、3着のトーセンホマレボシも4着だったワールドエースもエントリーせず。その結果、84年のグレード制導入以降初となる「ダービー4着以内馬がただの1頭も出走しない菊花賞」となった。

図らずして皐月賞馬ゴールドシップの二冠達成だけが焦点となったが、ゴールドシップからすればダービーで先着を許した馬は不在で、夏の上がり馬とは前哨戦の神戸新聞杯ですでに対戦し、勝負付けは済んでいる状態。それだけに二冠制覇は限りなく濃厚といった状況。ファンの支持はグングンと上昇していき、最終的にゴールドシップの単勝オッズは1・4倍、2番人気馬マウントシャスタが13・1倍という圧倒的な1番人気に推された。

そんな戦前の空気をゴールドシップは察知したのか、パドックでのしぐさはまさに余裕しゃくしゃく。まるであくびでもするかのように口を大きく開け、舌をベロベロと出して周回する姿は曲がりなりにもＧＩの大舞台でダントツ人気に支持されている馬とは思えない態度だったが、余裕たっぷりに闊歩するゴールドシップの姿がどこか逞しく映ったのも事実だ。

ゴールドシップはレースでも、余裕たっぷりの振る舞いをファンの前で見せた。

ゲートが開いた瞬間に飛び出しいつになく好スタートを決めたかと思えば、すぐさまポジションを下げて気が付けば最後方で１コーナーを通過。好スタートを無駄にする、もったいないレース運びに映ったが、ゴールドシップも鞍上の内田博幸騎手もそんなことはお構いなしとばかりにシンガリでじっくりと脚を溜めながらホームストレッチを回っていった。

ビービージャパンが前半１０００ｍを１分０秒９というペースで逃げる中、トリップやフジマサエンペラーが追走したためか、中盤に入ってもペースが落ちずに持久力勝負となる展開に。まさにゴールドシップにはおあつらえ向きな流れになったが、ゴールドシップはここから我々の想像をはるかに超える動きを見せた。

ゴールまで残り１０００ｍ。それまで後方２番手にいたゴールドシップは上り坂となる向正面から動き始め、１頭、また１頭と先行している馬たちを交わして、坂の頂上に差し掛かるころには前から4番手にまで上昇。そして「ゆっくりと下る」のがセオリーとなっている

3コーナーからの下り坂でもその勢いは衰えずに前を交わし、4コーナーを通過。先に動いたマウントシャスタに並んで2番手の位置で直線を迎えた。

そして、ここからはゴールドシップの独壇場だった。直線に入って早々にマウントシャスタを捉えて先頭に立つと、あとは持ち前のスタミナとフルスロットルになった末脚でグングンと伸びていく。後続馬たちはゴールドシップに並ぶどころか追いかけるのが精いっぱいという状態に。最後は追いすがるスカイディグニティに1馬身4分の3の着差を付けて先頭のままゴール板を駆け抜け、軽々とクラシック二冠制覇を達成。レース前にゴールドシップ自身も抱いていたであろう確信を現実のものにしてみせた。

向正面から早々と仕掛け、「ゆっくりと登り、ゆっくりと下る」という京都競馬場のセオリーすら完全に無視する形で敢行した掟破りのロングスパート。並の馬なら大敗してもやむなしとなりそうなものだが、ゴールドシップはそれをあっさりと成し遂げてしまった。まさに無尽蔵のスタミナと圧倒的な実力がないとできない芸当だが、こんな破天荒なレース運びをGI、それもクラシック最終戦の菊花賞の舞台で軽々とやり遂げてしまったのだ。

タラレバの話にはなるが、仮にディープブリランテが出走していてもこの日のゴールドシップには敵わなかったのではないだろうか。

やはりこの馬は只者ではない…多くの競馬ファンはそう思っただろう。

（福嶌弘）

2012年10月21日
第73回 菊花賞 GI

京都　芝右　3000m　3歳オープン　晴　良

レース結果

着順	枠番	馬番	馬名	性齢	斤量	騎手	タイム	着差	人気
1	1	1	ゴールドシップ	牡3	57	内田博幸	03:02.9		1
2	8	16	スカイディグニティ	牡3	57	I・メンディザバル	03:03.2	1.3/4	5
3	7	15	ユウキソルジャー	牡3	57	秋山真一郎	03:03.5	2	7
4	2	3	ベールドインパクト	牡3	57	四位洋文	03:03.5	アタマ	10
5	2	4	ラニカイツヨシ	牡3	57	佐藤哲三	03:03.6	1/2	11
6	3	6	ロードアクレイム	牡3	57	福永祐一	03:03.8	1.1/4	3
7	7	13	ダノンジェラート	牡3	57	三浦皇成	03:03.9	1/2	12
8	1	2	フェデラルホール	牡3	57	吉田隼人	03:04.1	1.1/4	4
9	5	10	マウントシャスタ	牡3	57	川田将雅	03:04.2	1/2	2
10	4	7	エタンダール	牡3	57	松岡正海	03:05.0	5	8
11	4	8	ニューダイナスティ	牡3	57	浜中俊	03:05.4	2.1/2	13
12	7	14	ミルドリーム	牡3	57	江田照男	03:05.8	2.1/2	17
13	3	5	アーデント	牡3	57	M・デムーロ	03:05.9	3/4	16
14	8	17	タガノビッグバン	牡3	57	太宰啓介	03:06.2	2	6
15	6	11	ビービージャパン	牡3	57	武幸四郎	03:08.4	大	14
16	8	18	トリップ	牡3	57	小牧太	03:09.6	7	15
17	6	12	コスモオオゾラ	牡3	57	岩田康誠	03:10.2	3.1/2	9
18	5	9	フジマサエンペラー	牡3	57	池添謙一	03:10.3	1/2	18

重賞4

第57回 2012年12月23日

有馬記念GⅠ

10mの距離ロスをものともせず最後方からのマクリでGⅠ3勝目

競走馬には「好不調」の波があり、2〜5戦のペースで好調期と不調期を繰り返すのが一般的である。人間のアスリートも鋭敏な人ほど好不調の波が激しいが、恐らく競走馬も同じだろう。人間以上に敏感な生き物であると感じている。

菊花賞を勝ったゴールドシップは有馬記念に出走してきた。3歳秋とは人間に例えると高校生や大学生だと言われる。この時期の人間は正に成長期だが、この時期の3歳馬も成長が著しく、好走を続けるケースが多々みられる。

グレード制導入後、オグリキャップ、ナリタブライアン、マヤノトップガン、マンハッタンカフェ、シンボリクリスエス、オルフェーヴル、サトノダイヤモンド、ブラストワンピース、エフフォーリア、イクイノックスらの3歳馬が菊花賞や秋の天皇賞で好走し、勢いを持続して有馬記念を制している。ゴールドシップも名馬らと同じ道を歩んだ。

競馬ファンは前年の三冠馬オルフェーヴルや牝馬三冠馬ジェンティルドンナとの対決を夢

見ていたが、オルフェーヴルはフランス遠征（フォワ賞優勝、凱旋門賞2着）からジャパンC2着、ジェンティルドンナも秋華賞で三冠を達成後、ジャパンCでオルフェーヴルと激闘を繰り広げ有馬記念を回避した。強豪2頭が不在の中、ゴールドシップ以外のGI馬はルーラーシップやエイシンフラッシュ、ローズキングダム、オウケンブルースリなど全頭が5歳以上。「かつての王者」と初対戦のゴールドシップが1番人気に支持された。

スタート直後、2番人気のルーラーシップがゲートで立ち上がり大きく出遅れた。管理する角居勝彦調教師がゲートの手前で愛馬を見守っていたが、その甲斐なく5馬身以上のビハインド。すぐ前方にはゴールドシップがおり、1、2番人気とも最後方という展開。その瞬間、場内はものすごいどよめきに包まれた。

ハナを切ったアーネストリーに続き、春の天皇賞を逃げ切ったビートブラックが2番手。ルルーシュやローズキングダム、ダイワファルコンらが続く。菊花賞2着のスカイディグニティ、秋の天皇賞を制したエイシンフラッシュらが中団を占める。正面スタンド前を通過する際、ゴールドシップは先頭から10馬身以上離れた15番手、その直後につけたルーラーシップは1コーナー手前でゴールドシップを内から交わした。

向正面に入ってもゴールドシップは最後方からレースを進め、3コーナーカーブの手前で左に寄せ早くも動いた。ゴール まで700mほどの地点から早めにマクると、直線入り口でムチが入る。4コーナーで外目を回ると、すぐ前を走るナカヤマナイトを交わすように外へ持ち出した。皐月賞とは真逆の内容である。「ゴールまでもつのか」と感じた直後、最内からエイシンフラッシュが先頭に立った。

同馬は前年の有馬記念でオルフェーヴルと僅差の2着と好走していた。コースに沿って最短距離を走り、スタミナのロスを最小限にとどめるも、次の瞬間、エイシンフラッシュより3mほど外を走ったゴールドシップが瞬く間に交わして先頭に立つと、詰め寄ってきた2着オーシャンブルーに1馬身半差をつけてゴールイン。鞍上の内田博幸騎手は左右の腕で交互にガッツポーズ、喜びを爆発させた。

ラチ沿いの馬より3mほど外を走った場合、両馬の距離差は18mほど生じるという説もある。ここからは推測だが、ゴールドシップが走った距離はエイシンフラッシュより10mは長かったと思われる。そんな〝距離延長〟を苦にせず瞬く間に交わした無尽蔵のスタミナを、内田騎手は「へこたれる馬ではない。コースロスをしても力を出せる馬です」と評した。

このレースを見て、「来春の天皇賞は間違いなく勝てる」と感じたファンも少なくなかったことだろう。

4歳になったゴールドシップが、未対決のジェンティルドンナ、そしてオルフェーヴルと対決するシーンをファンは待ち焦がれた。もちろん私もその一人だった。

（小川隆行）

ゴールドシップ 重賞レース 4

2012年12月23日

第57回 有馬記念GI

中山　芝右　2500m　3歳以上オープン　晴　良

レース結果

着順	枠番	馬番	馬名	性齢	斤量	騎手	タイム	着差	人気
1	7	13	ゴールドシップ	牡3	55	内田博幸	02:31.9		1
2	3	6	オーシャンブルー	牡4	57	C・ルメール	02:32.1	1.1/2	10
3	5	9	ルーラーシップ	牡5	57	C・ウィリアムズ	02:32.2	クビ	2
4	1	2	エイシンフラッシュ	牡5	57	三浦皇成	02:32.4	1.1/2	3
5	2	3	スカイディグニティ	牡3	55	C・スミヨン	02:32.5	1/2	7
6	5	10	ダークシャドウ	牡5	57	R・ムーア	02:32.5	ハナ	4
7	8	15	ナカヤマナイト	牡4	57	柴田善臣	02:33.0	3	5
8	8	16	ルルーシュ	牡4	57	横山典弘	02:33.4	2.1/2	6
9	7	14	ビートブラック	牡5	57	石橋脩	02:33.4	アタマ	8
10	4	7	ダイワファルコン	牡5	57	北村宏司	02:33.5	3/4	12
11	2	4	アーネストリー	牡7	57	福永祐一	02:33.5	アタマ	14
12	1	1	ローズキングダム	牡5	57	岩田康誠	02:33.6	1/2	13
13	4	8	トレイルブレイザー	牡5	57	武豊	02:34.2	3.1/2	9
14	6	12	オウケンブルースリ	牡7	57	田辺裕信	02:34.4	1.1/2	15
15	3	5	ネヴァブション	牡9	57	田中勝春	02:34.5	3/4	16
16	6	11	トゥザグローリー	牡5	57	蛯名正義	02:36.1	10	11

重賞5

第61回 2013年3月17日

阪神大賞典 GⅡ

同一重賞を3連覇という偉業へ！ 一勝目は先を見据え、ゴールまで追い続けた

前年の阪神大賞典はゴールドシップと同じ父を持つオルフェーヴルが暴走気味に走った末、2周目3コーナーで逸走しながら勝ったギュスターヴクライに半馬身差まで詰め寄るという伝説をつくった。三冠と有馬記念を制したオルフェーヴルに対し、ゴールドシップは二冠と有馬記念なので、3歳シーズンでたどった道は似たものがある。父と母父が同じゴールドシップもやらかすのではないか。そういった声は存外少なかった。というのもゴール後に騎手を振り落とす制御不能のやんちゃなオルフェーヴルとは対照的に、ゴールドシップは鞍上が早めに促さないと走らないズブさがあったからだ。馬を動かす力に長けた内田博幸騎手とコンビを組んだことが3歳時の活躍の要因だったのも、特有の反応の悪さを物語る。暴走はないだろうが、休み明けで反応できないかもしれない。懸念点はその一点だった。

放牧から戻ったゴールドシップは1週前追い切りではジャスタウェイに先着するなど意欲的な調教を消化し、須貝尚介調教師は戦前、「馬場に入ると掛かるのではなく、自分からハミ

をとっていく前向きな姿勢を見せている」と古馬になり本格化した感触を得ていた。須貝調教師が前向きさを強調したのはズブさが課題だったことの裏返しでもある。闘争心さえ出てくれれば、ゴールドシップはオルフェーヴルとも遜色ない存在になれるかもしれない。

単勝オッズ1・1倍と抜けた1番人気に支持されたゴールドシップはゲートをゆっくり出て、1周目4コーナー出口では最後方に待機したものの、内田騎手の手綱の張り具合やリズムよく首を振って走る姿には確かに前向きさを感じた。ゴール板を過ぎるころにはデスペラードを追い抜き、じわりと順位をあげ、残り1000m付近で早くも上昇開始。前を行く馬を次々に悠然と交わし、2周目4コーナーで先頭に並んだ。直線に入り、内田騎手がステッキを入れると、ゴールドシップにスイッチが入った。レース前に須貝調教師がコメントした通り、ズブさは微塵も感じない。伸びやかで柔らかい独特のストライドはさらにダイナミックに変わり、粘るフォゲッタブルを捉え、差してきたデスペラードを寄せつけることはなかった。最後の坂を上がり独走に入ると、内田騎手は完勝を確信しながらも、ハミを掛け直し、ステッキを飛ばして気を抜かせまいとしていた。

レース後、内田騎手は「直線半ばで馬自身が力を緩めるようなところがあり、それでゴールまでステッキを入れてしっかり追った」とコメント。抜け出すと気を抜く仕草は父ステイゴールド譲りだ。ズブさと併せ、勝利を確信して手を抜ける賢さもゴールドシップの特性である。それだけこのレースは内容と内田騎手の発言から察するに気持ちと走りも余裕があったのだろう。この時点では豪快さも内包しつつ、どこか優等生のような歩みだった。

ところが、阪神大賞典は歴史的に順風満帆な名馬の競走生活において分岐点であることが多い。3歳で有馬記念を勝った馬が次走阪神大賞典に出走した例は、グレード制導入後の1984年から2023年まで6頭いる。その成績は［3・3・0・0］で連を外した馬はいない。ゴールドシップ以外ではナリタブライアン、サトノダイヤモンドが勝ち、2着はマヤノトップガン、シルクジャスティス、そしてオルフェーヴルの3頭。一方で、この6頭のうち、5頭の次走が天皇賞（春）で、その成績は［0・0・1・4］。ナリタブライアン、シルクジャスティス、サトノダイヤモンドは最後まで古馬GⅠタイトルを摑めなかった。4歳春までは順調だったが、その後は少しずつ歯車がかみ合わなくなり、成績が下降することもあれば、再浮上もある。よく牡馬は牝馬に比べると、苦しい体験や負けてどこかズルすることを覚えると、競馬で力を出し切らなくなるといわれる。そういった意味で、刺激に敏感で身を守るために全力を尽くす牝馬より、牡馬は長く勝ち続けられずどこかで崩れると間隔を空けて立て直すといった手段も効きにくい。ゴールドシップもこの先、それを見事に体現することになる。だが、同じ軌跡をたどったナリタブライアンが阪神大賞典を連覇したように、ゴールドシップにとってもこのレースは縁の深い存在になっていく。

（勝木淳）

2013年3月17日

第61回 阪神大賞典GⅡ

阪神　芝右　3000m　4歳以上オープン　晴　良

レース結果

着順	枠番	馬番	馬名	性齢	斤量	騎手	タイム	着差	人気
1	7	7	ゴールドシップ	牡4	57	内田博幸	03:05.0		1
2	6	6	デスペラード	牡5	56	武豊	03:05.3	2	3
3	3	3	フォゲッタブル	牡7	56	A・シュタルケ	03:05.5	1	5
4	8	8	ベールドインパクト	牡4	55	福永祐一	03:06.4	5	2
5	1	1	トウカイトリック	牡11	57	浜中俊	03:06.9	3	4
6	2	2	ピエナファンタスト	牡7	56	国分恭介	03:06.9	ハナ	9
7	5	5	モンテクリスエス	牡8	56	幸英明	03:07.2	1.3/4	8
8	8	9	マカニビスティー	牡6	56	小牧太	03:07.5	1.3/4	6
9	4	4	コスモヘレノス	牡6	56	D・バルジュー	03:07.5	クビ	7

重賞6

第54回 2013年6月23日

宝塚記念GI

前年の年度代表馬と初対決 3馬身半差で優勝の「ベストレース」

明け4歳初戦の阪神大賞典を楽勝した次走、ゴールドシップは、圧倒的1番人気に支持された春の天皇賞で5着に敗れた。4コーナーを回った直後、鞍上の内田博幸騎手はそれまでのレースと異なりムチを数発入れた。恐らくはいつもより反応が鈍かったのだろう。さらに直線で伸びようとした次の瞬間、外にいたジャガーメイルに進路を遮《さえぎ》られた。すぐさま外に持ち出したゴールドシップだが、前との差は詰まらず5着。勝ったのは日本ダービーで先着を許したフェノーメノだった。

続く宝塚記念ではフェノーメノに加え、三冠牝馬ジェンティルドンナも参戦。同馬は3ヶ月前のドバイシーマクラシックで2着と健闘していた。三冠馬オルフェーヴルは肺出血で回避、11頭立てと少頭数だったが、阪神競馬場に前年より15%も多い7万人が詰めかけたのも、ジェンティルドンナとゴールドシップの初対決が注目を浴びたためだ。

1番人気はジェンティルドンナで、2番人気がゴールドシップ。ジャパンCでオルフェーヴルを破ったジェンティルドンナが上だとみられていた。ゲート入り直前の同馬はいつも通りハイテンションで、直前に二枚重ねのメンコを外されゲートに入った。

スタート直後、8枠の2頭は対照的な走りをみせた。大外11番のジェンティルドンナがスムーズな走りで3番手を奪ったのに対し、外から2番目の10番ゴールドシップは今回もやや遅れた。しかし、レース前の調教が好内容だったことで、内田騎手は「馬にやる気があった」と感じ愛馬を促すとジェンティルドンナをマークする形で4番手につける。いつもの後方待機とは異なる先行策は3歳の共同通信杯以来だった。その直後にフェノーメノ。同世代の3頭は前団で互いに牽制しながらの競馬となった。

大逃げしたシルポートが後続を引き離し前半1000mは58秒5のハイペース。2番手に2年前の皐月賞（優勝オルフェーヴル）以来のGI出走となったダノンバラードがつける。3馬身後方に人気の3頭、直後に春の天皇賞2着馬トーセンラーや重賞3勝馬ナカヤマナイトなどの5歳勢が控えた。

3・4コーナー中間地点でシルポートとの差を詰めにかかったゴールドシップは4コーナー手前で早くも押しながらジェンティルドンナに並びかけた。このときの手ごたえを見ると、ジェンティルドンナが追い出す直前でスムーズな走りをみせる一方、ゴールドシップには早くもムチが入っている。このシーンを目にして「ジェンティルドンナの余力がゴールドシップを上回る」と感じたが、内田騎手にムチを放たれるたびにゴールドシップは伸びてくる。シルポートを抜き去ったダノンバラードに並びかけると同馬に3馬身半差でゴールイン。GI4勝目を挙げた。直線で差が開いたままのジェンティルドンナは鞍上の岩田康誠騎手がムチを放つも、ダノンバラードに並びかけるのが精一杯だった。

前年の年度代表馬であり、オルフェーヴルを破った三冠牝馬に3馬身半差以上の快勝劇。「力でねじ伏せてくれました。強いゴールドシップが戻ってきて嬉しいです」と内田騎手は笑みを浮かべた。この勝利でゴールドシップは秋春グランプリ連覇を達成した。

ゴールドシップが挙げたGI6勝のうち、いちばんの強敵を倒したレースこそ、この宝塚記念ではないだろうか。先輩三冠馬オルフェーヴルを下しGI7勝を挙げた名牝に3馬身半差の勝利である。4着は日本ダービーと春の天皇賞で先着を許していたフェノーメノでもあり、個人的にゴールドシップがもっとも強さを見せたレースだと感じている。

一方のジェンティルドンナは7戦ぶりに連対を外し3着。勝てば凱旋門賞に出走する予定だったが、陣営は出走を踏みとどまり、秋も国内に専念することとなる。天皇賞を2着すると、ジャパンCではレース史上初の連覇を達成する。このレースで2番人気だったゴールドシップは後方ママで15着大敗。宝塚記念の好内容はどこへやら、の結果となった。

（小川隆行）

2013年6月23日

第54回 宝塚記念GI

阪神　芝右2200m　3歳以上オープン　曇　良

レース結果

着順	枠番	馬番	馬名	性齢	斤量	騎手	タイム	着差	人気
1	8	10	ゴールドシップ	牡4	58	内田博幸	02:13.2		2
2	4	4	ダノンバラード	牡5	58	川田将雅	02:13.8	3.1/2	5
3	8	11	ジェンティルドンナ	牝4	56	岩田康誠	02:13.8	クビ	1
4	3	3	フェノーメノ	牡4	58	蛯名正義	02:13.9	1/2	3
5	6	6	トーセンラー	牡5	58	武豊	02:14.2	2	4
6	7	8	ナカヤマナイト	牡5	58	柴田善臣	02:14.4	1.1/2	7
7	7	9	ローゼンケーニッヒ	牡4	58	C・ウィリアムズ	02:14.5	クビ	8
8	6	7	スマートギア	牡8	58	松山弘平	02:14.8	1.3/4	10
9	2	2	タニノエポレット	牡6	58	浜中俊	02:15.4	3.1/2	11
10	5	5	シルポート	牡8	58	酒井学	02:15.4	ハナ	6
11	1	1	ヒットザターゲット	牡5	58	福永祐一	02:15.6	1.1/2	9

重賞7

第62回 2014年3月23日

阪神大賞典 GⅡ

二度目の勝利はゴールドシップのやる気を引き出す岩田康騎手とのコンビ

天皇賞（秋）がグレード制導入を契機に2000mに短縮されたため、ステイヤーにとってクラシック最終戦菊花賞を除けば、春の盾は唯一にして最大目標になった。連覇達成は多く、勝ち抜け制が廃止された1981年から2022年までだとメジロマックイーン、テイエムオペラオー、フェノーメノ、キタサンブラック、フィエールマンの5頭。その前哨戦である阪神大賞典の連覇も同じくシンブラウン、メジロマックイーン、ナリタブライアン、ナリタトップロード、ディープボンドの5頭、そして3連覇のゴールドシップはどちらにも名前があるメジロマックイーンが母父である。ゴールドシップ自身も天皇賞（春）を勝っており、同じ芦毛でもあるので、天皇賞（春）は最高2着だった父のステイゴールドより母父のメジロマックイーンの影響が強いと考える向きもある。

連覇がかかった阪神大賞典は前年同様圧倒的1番人気ながらも、この年はやや事情が違った。4歳秋は京都大賞典5着、ジャパンC15着、有馬記念3着と勝ち星から遠ざかっていた。

京都大賞典では4コーナー手前でステッキが入るほど手応えが悪く、残り200mであっさり止まり、ジャパンCでは先行馬のエイシンフラッシュが押し出される形で逃げるほどの超スローペースにもかかわらず、最後方でまるで進んで行かなかった。続く有馬記念では主戦の内田博幸騎手から短期免許で来日中のR・ムーア騎手にスイッチし、さらにブリンカーを着用するなど、陣営はズブさ解消に向け手を打ってきた。精神面の不安定さが成績に影響しはじめたのがこの頃だった。

迎えた5歳初戦の阪神大賞典。一週前追い切りでは栗東ウッドコースで5ハロン65秒1を記録し、復調気配をみせ、須貝尚介調教師もまずまずと評価。鞍上については「乗り手をなめるところがあるので、同じ鞍上を続けて乗せない方がいいから」と岩田康誠騎手に決まった経緯を説明した。ゴールドシップは主戦を務めた内田騎手の指示を聞かなくなったと須貝調教師は言う。岩田康騎手も内田騎手と同じく地方出身騎手特有の馬を動かせる力に長けている。気分さえ乗ってくれれば。陣営はそれを願っていた。

思惑通り、岩田康騎手はスタートから手綱を動かし、ゴールドシップに気合を注入した。すると、1周目3コーナー手前でスイッチが入ってしまった。ゴールドシップはこれまでと一変して行きたがったのだ。頭を上げ、鞍上の制御に逆らい、外の2番手にとりついた。のちにゴールドシップの引退式で「僕だけなんでこんなに掛かるのか」と岩田康騎手がぼやいたエピソードがあるが、確かにゴールドシップが派手に引っかかる姿は記憶にない。ただ岩田康騎手とゴールドシップのコンビは［2・0・1・1］で掲示板を外したのは6歳アメリカジョッキークラブCの一度のみ。岩田康騎手は馬のやる気を引き出せる存在でもあった。

前半で派手に行きたがったゴールドシップだったが、逃げるバンデから離れた2番手で納得したようだった。勝負どころでアドマイヤラクティ、サトノノブレスら後続が並びかけると、それに呼応してスパートをかけ、直線であっさり突き放した。折り合いを欠いたことによる体力の消耗などまったく感じさせないしなやかで力強いフットワークで復調を見せつけた。岩田康騎手は「思ったより行きっぷりがよく、道中の追走は楽だった」と前半を振り返り、「最後まで止まる気配はなかった」と無尽蔵のスタミナを表現した。

前半から2番手をキープし、勝負どころでもズブさは一切ないパフォーマンスは復調という言葉以上に進化という表現がしっくりくるほどだった。その取り口である先行して直線入り口で早々に先頭に立ち、最後は後続を突き放すという競馬はまさに母父メジロマックイーンのものだった。ゴールドシップこそ最強のステイヤーとして時代を築いたメジロマックイーンの血を受け継ぐ存在である。そんな評価をあと押しするようなレースだった。

それにしてもゴールドシップはなぜ、あのとき行きたがったのか。インタビューできるものならぜひ真相を聞いてみたい。

（勝木淳）

ゴールドシップ 重賞レース 7

2014年3月23日

第62回 阪神大賞典GⅡ

阪神　芝右3000m　4歳以上オープン　晴　良

レース結果

着順	枠番	馬番	馬名	性齢	斤量	騎手	タイム	着差	人気
1	1	1	ゴールドシップ	牡5	58	岩田康誠	03:06.6		1
2	8	8	アドマイヤラクティ	牡6	56	四位洋文	03:07.2	3.1/2	5
3	2	2	バンデ	牡4	55	松田大作	03:07.2	クビ	3
4	6	6	サトノノブレス	牡4	56	浜中俊	03:08.2	6	2
5	8	9	ヒットザターゲット	牡6	57	武豊	03:08.3	クビ	4
6	5	5	エーシンミラージュ	牡6	56	D・バルジュー	03:08.8	3	7
7	3	3	サイモントルナーレ	牡8	56	横山和生	03:09.5	4	9
8	7	7	タマモベストプレイ	牡4	55	和田竜二	03:09.5	クビ	6
9	4	4	エーシンスピーダー	牡5	56	太宰啓介	03:10.2	4	8

重賞 8

第63回 2015年3月22日

阪神大賞典 GⅡ

名馬の条件を満たす競走馬であることを改めて示した同一重賞3連覇

6歳シーズンは二つの3連覇がかかっていた。それが阪神大賞典と宝塚記念だ。同一重賞3連覇は函館記念のエリモハリアー、オールカマーのマツリダゴッホなど達成した馬はいるが、すべて1番人気で達成したのは1956〜58年鳴尾記念を制したセカイオーただ1頭。のちにはアルバートがステイヤーズSでクリアし、オジュウチョウサンが中山グランドジャンプ5連覇という偉業を成し遂げたが、ゴールドシップの時点では57年ぶりの大記録だった。

3連覇を決めたこのレースでゴールドシップは名馬の条件を満たす競走馬であることを改めて示した。その条件の一つに、人間との固い信頼関係を構築できることがあるだろう。以前から須貝尚介調教師が乗り手をなめるところがあると再三コメントしていたように、気分屋ゴールドシップのイメージとはいささか異なるものだ。

ゴールドシップらしいムラッ気は成績にもあらわれており、連覇を決めた宝塚記念のあと、札幌記念2着、凱旋門賞14着、有馬記念3着と勝利から見放された。さらに間隔を詰めて出走したアメリカジョッキークラブCでは単勝1・3倍と圧倒的1番人気を裏切り、7着。須貝調教師には凱旋門賞から帰国以降、有馬記念を経て状態が上向いた感触こそあったが、勝負どころの反応がひと息で気持ちが乗らなかったと敗因をとらえた。その後は放牧へ出し、1週前の調教では坂路で51秒台を記録、順調にメニューを消化した。それでも須貝調教師は調教中、ゴールドシップに遊ぶような面を見て取り、少し体に余裕があると感じていた。一方で、3連覇をかけるレースについて「控えるとなめて走る感じだし、マクる形だと苦しいようでやめてしまう。昨年のように2、3番手で闘志を燃やしながら力を出してほしい」と語った。

鞍上は昨年と同じ岩田康誠騎手。今回が4度目の騎乗だった。レースには前年秋に重賞を連勝したラストインパクト、年明けから重賞連勝中のラブリーデイの5歳勢が名を連ねた。レース当日は春の陽気に包まれていた。ゴールドシップの馬装は昨年のものにシャドーロールが加わっていた。人気は3年とも1番人気で同じだが、馬装がすべて異なる。能力は天下一品だが、この馬装で力を出せるかどうかは、レースが始まってみないとわからない。それもまたゴールドシップの魅力でもある。

レースは激しく行きたがった昨年とは違い、ゲートを出てすぐは進んで行かなかったが、それでも早めにスイッチが入ったようで、中団の後ろを追走していた。逃げるスズカデヴィアスとメイショウカドマツが後ろを大きく引き離し、最初の1000m通過60秒4と飛ばし気味に入ったものの、中盤1000m65秒0と一気に緩み、馬群は凝縮し、最後の1000m60秒5と長距離戦らしい緩急のある流れになった。ゴールドシップは3コーナー手前から外をマクって進出するも、一気に動かず、じわりじわりと先行勢にプレッシャーを与えるような虎視眈々とした円熟味あふれるレースを展開し、4コーナーで再スパートをかけ、勝負を決めにかかる。追ってくるのは牝馬デニムアンドルビーだ。並びかけるかという場面もあったが、坂を上がると、ゴールドシップはまだまだ伸びて、その追撃を振り切った。

岩田康騎手は「この馬のリズムで伸び伸び走ることを心掛けましたが、前走より前で運べましたね。最後は頭が上がってきましたが、そこからもうひと伸びしてくれました」とコメントし、馬をその気にさせられたことを勝因にあげた。また、レース後はすぐに息が入ったようで、まだ本気を出していないと感じたという。本気を出さずとも3連覇を達成するわけだから、やはりゴールドシップは底知れない。

名馬の条件とは人間との信頼関係にあると述べた。それはもっとも苦しい極限状態のゴール前で騎手の指示を受け、ひと踏ん張りできることを意味する。岩田康騎手のコメント通り、ゴールドシップは最後の最後に力を振り絞った。同一重賞3連覇という偉業はまさに名馬の証明なのだ。

（勝木淳）

2015年3月22日
第63回 阪神大賞典GII

阪神　芝右　3000m　4歳以上オープン　晴　良

レース結果

着順	枠番	馬番	馬名	性齢	斤量	騎手	タイム	着差	人気
1	7	8	ゴールドシップ	牡6	58	岩田康誠	03:05.9		1
2	2	2	デニムアンドルビー	牝5	54	浜中俊	03:06.1	1.1/4	7
3	1	1	ラストインパクト	牡5	57	菱田裕二	03:06.6	3	2
4	6	6	カレンミロティック	セ7	56	M・デムーロ	03:06.8	1.1/2	6
5	8	9	フーラブライド	牝6	54	酒井学	03:07.1	1.3/4	8
6	7	7	ラブリーデイ	牡5	57	A・シュタルケ	03:07.5	2.1/2	3
7	3	3	スノードン	牡6	56	秋山真一郎	03:07.6	1/2	9
8	4	4	スズカデヴィアス	牡4	55	藤岡佑介	03:08.0	2.1/2	4
9	8	10	メイショウカドマツ	牡6	56	武豊	03:10.0	大	5
10	5	5	サイモントルナーレ	牡9	56	和田竜二	03:10.9	5	10

伝説の迷勝負

宝塚記念3連覇の夢は露と消えた！
たとえ競馬史に残る「やらかし」をしても、
ゴールドシップなら仕方ないという空気が流れた

菊花賞と有馬記念を制し、4歳初戦の阪神大賞典を楽勝。
2013年春の天皇賞は楽勝ムードだったが…。

第56回　2015年6月28日

宝塚記念GI　15着

ゴールドシップ、もう一つの代表レース　個性派の真骨頂とも言える世紀の大出遅れ

自分が馬券を外したというエピソードを、面白おかしく語ることはよくあるが、それを楽しそうに言えるレースと出会えることは、そうそう無い。そんなレースがあるとすれば、相当に面白い個人的なエピソードが絡んでいるか、愛情をもって語れる馬が絡んでいるか、だ。多くの人にとって、そんな「ちょっと笑える」大ハズレとなったのが〞あの〟宝塚記念だろう。

古馬となったゴールドシップは、春に恒例のローテを歩むのがお決まりだった。阪神大賞典、天皇賞（春）、宝塚記念。その戦績は独特で、4歳時が1着→5着→1着、翌年が1着→7着→1着。ゴールドシップにそっくりな見た目の母父メジロマックイーンが二度も制した天皇賞（春）での敗北を、阪神大賞典と宝塚記念の勝利がサンドしていたのである。2レースを連覇する実力があり、菊花賞で見せたスタミナもある。何がゴールドシップの天皇賞（春）制覇を妨げているのか、メディアもファンも要因を探し続けていた。

注目されたのが、ゴールドシップの性格だ。父親譲りの気性面の難しさは、オルフェーヴ

ルなどでもファンの知るところ。実際にゴールドシップも、走る気分ではないが故に負けることのあるタイプに見えた。だからこそ、ファンはゴールドシップの〝本気〟を引き出せるような、救世主や必勝法が降臨するのを心待ちにしていたと言える。

その期待に応えたのが、5歳シーズンに三度コンビを組んでいた、横山典弘騎手だった。6歳になったゴールドシップは、岩田康誠騎手を背に阪神大賞典を制すると、続く天皇賞（春）で横山典騎手とのコンビ復活により念願の勝利を摑み取る。それも、前半は折り合いをつけて後半で長く良い脚を使う「ゴールドシップらしさ」の溢れるレースぶり。勝ち→負け→勝ちでサンドしていたこの2年間とは異なる展開に、ファンの期待は高まる一方だった。

――今年のゴールドシップは、違う。

ゴールドシップを愛するファンでなくとも、多くの競馬ファンがそう感じたのではないだろうか。それほど、横山典騎手とゴールドシップは〝雰囲気のある〟コンビだった。ベテランとなった奇才ジョッキーが、ついにゴールドシップの潜在能力を存分に引き出せるコミュニケーション方法を見出したように見えた。しかも、次走は連覇している宝塚記念。このコンビで、得意の条件であれば勝利は堅いのではないだろうか――。ファンはゴールドシップを単勝1・9倍という断然の1番人気に押しあげた。ゴールドシップがGⅠで単勝1倍台となったのは、2年前の天皇賞（春）以来のことである。それでも、その評価は非常に妥当に思えた。新生ゴールドシップがどのような勝ち方を見せてくれるかに注目していたファンも多いのではないだろうか。スタート直後までは。

スタートの瞬間の出来事を、今浪隆利厩務員は次のように振り返る。

「ゲートまではおとなしかったんですけどね…。中に入ってから隣でトーホウジャッカルにバタバタされて、イライラし始めてしまいました。意外と競馬場ではおとなしい馬だったんですが、あの瞬間に調教中のような荒々しさがそこで出てしまって。立ち上がって噛みつきにいったタイミングでゲートが開いたんですが、横で『あぁ、遂にレースでやっちゃったなあ…』と思いながら見上げていました。自分にとっては見慣れた光景でしたが、ファンの方々には申し訳なかったですね」

ゴールドシップが見せつけた仁王立ちと、それに伴う大出遅れで散った馬券は、117億円に及ぶという。実況席から鳴り響いた悲鳴も、絶望的っぷりを印象付けた。あの連勝は、一体なんだったのか…。ここで仁王立ちするための伏線だったかのように、ゴールドシップは実にアッサリと単勝1倍台を裏切ったのであった。

一方で、ファンの多くが、芦毛の怪物〝らしさ〟として、どことなく嬉しそうに語るのも事実。それこそ、稀代の気分屋として愛されたゴールドシップの真骨頂なのかもしれない。出遅れ15着でむしろファンを増やした、奇跡の馬による奇跡の一戦である。

（緒方きしん）

2015年6月28日

第56回 宝塚記念GI

阪神　芝右2200m　3歳以上オープン　晴　良

圧倒的1番人気ながら大出遅れ→15着大敗…。またーつ、ゴルシ伝説が増えた。

レース結果

着順	枠番	馬番	馬名	性齢	斤量	騎手	タイム	着差	人気
1	8	16	ラブリーデイ	牡5	58	川田将雅	02:14.4		6
2	3	6	デニムアンドルビー	牝5	56	浜中俊	02:14.4	クビ	10
3	1	1	ショウナンパンドラ	牝4	56	池添謙一	02:14.6	1.1/4	11
15	8	15	ゴールドシップ	牡6	58	横山典弘	02:15.6		1

伝説の迷勝負2

第147回　2013年4月28日

天皇賞・春　GI　5着

伸びを欠いた4歳初のGIレース
同じ父をもつフェノーメノに敗退

3歳時に皐月賞と菊花賞を制し、有馬記念でGI3勝目を挙げたゴールドシップは、古馬となった4歳初戦の阪神大賞典で2着馬に2馬身差で重賞6勝目を挙げた。ここまで11戦して［8・2・0・1］。4着以下に敗れたのは日本ダービーのみだ。この安定感が評価され、天皇賞（春）では単勝1・3倍の圧倒的1番人気に支持された。

負ける要素は、正直見当たらなかった。4歳春の天皇賞に出走した菊花賞馬は、グレード制以降の27年間でメジロマックイーン、ライスシャワー、ビワハヤヒデ、マンハッタンカフェ、ヒシミラクルが勝っている。3着もセイウンスカイとナリタトップロード、アサクサキングス。馬券圏外に敗れたのはマヤノトップガン、エアシャカール、ザッツザプレンティ、オルフェーヴルの4頭。京都コースの3000mを勝った馬は、1ハロン伸びた3200mでの好走率が非常に高く、ゴールドシップ以降もキタサンブラックやフィエールマンらが勝利を収めている。

相手関係を見てもゴールドシップは突出していた。出走18頭中8頭が6歳以上馬であり、さらにこのレースの優勝歴がある出走馬のジャガーメイルは9歳、マイネルキッツは10歳とピークを過ぎている。両馬ともかつての勢いは感じられなかった。

ライバル筆頭は、5着に敗れた日本ダービーでゴールドシップに1馬身ほどの差をつけた2着馬フェノーメノの出走だった。

同馬は前走の日経賞で1番人気に応えていた。ゴールドシップが勝った有馬記念の2着馬オーシャンブルーに、同じ中山2500mで1秒2もの大差をつけ、青葉賞、セントライト記念に次ぐ重賞3勝目を挙げていた。

両馬は同じステイゴールド産駒だが、ゴールドシップの母父は春の天皇賞を連覇したメジロマックイーン。かたやフェノーメノは中距離に強いデインヒル。距離延長がプラスになるのはゴールドシップだろうか。血統論者ではないが、距離が伸びるほど血統面が重要な要素になると個人的に感じており、ゴールドシップを上に見ていた。

スムーズにゲート入りしたゴールドシップだが、スタート直後に行き脚を見せず最後方待機。前走の阪神大賞典と同じスタートでもあり、場内やテレビで見ているファンも「いつものこと」と思っただろう。1周目の4コーナーを過ぎても位置取りは変わらず、最初の1000mは59秒4のハイペース。この時点でゴールドシップに利のある展開だ。向正面で鞍上の内田博幸騎手は早くも追い始めたが、これさえいつものことである。

3コーナー直前で3番手に上がったフェノーメノを目標としたのか、マクリはじめたゴールドシップはライバルから1馬身ほど後方につけた。直線入り口ではおっつけながら5、6番手。この時点で内田騎手が懸命にムチを奮っている。「いつものこと、だよね…」とファンは不安にかられた。いつものように伸びないからだ。

直後、もう一度伸びようとしたゴールドシップは、外側からやや内目に斜行してきたジャガーメイルに進路を阻まれた。即座に外に持ち出すも勢いを遮断されギブアップ。スムーズに前を走れたフェノーメノに遅れること5馬身差、5着でのゴールだった。

たとえこの斜行がなかったとしても、恐らくは3着が精一杯だったはず。そう感じさせた直線の脚色だった。鞍上の内田騎手はレース前、「この山（＝天皇賞）を乗り越えて、もっと強くなってくれたら」と語っていたが、レース後は馬券対象の3着にすら届かなかったことに対し、「どんなに強い馬でも全部勝つのは難しいが、負けるにしても5着とは。ファンに申し訳ない」と、悔しさを露わにした。

「ゴールドシップはトーセンジョーダンが大嫌いで、トレセンでみかけると威嚇していた」とのエピソードを耳にするが、他に嫌いな馬がいるとしたら、このときを境に邪魔されたジャガーメイルが挙がるのではないのか…と感じてならない。

（後藤豊）

2013年4月28日

第147回 天皇賞・春 GI

京都　芝右　3200m　4歳以上オープン　晴　良

ジャガーメイルとの接触がなければ…。禁物のタラレバが頭を駆け巡った一戦。

レース結果

着順	枠番	馬番	馬名	性齢	斤量	騎手	タイム	着差	人気
1	3	6	フェノーメノ	牡4	58	蛯名正義	03:14.2		2
2	1	1	トーセンラー	牡5	58	武豊	03:14.4	1.1/4	3
3	7	13	レッドカドー	セ7	58	G・モッセ	03:14.7	2	6
5	4	8	ゴールドシップ	牡4	58	内田博幸	03:15.1		1

第149回　2014年5月4日

天皇賞・春GⅠ　7着

前年より3秒速い上がり時計も先行集団を捉えきれず7着敗退

京都大賞典5着、ジャパンC15着。初めて「2戦連続4着以下」を経験したゴールドシップだが、その冬の有馬記念でオルフェーヴルの3着となり、続く阪神大賞典を連覇。前走は2着馬を3馬身以上突き放す豪脚をみせ、4歳時の雪辱を期すべく春の天皇賞に出走した。

圧倒的人気だった前年と異なり、単勝は4.3倍の2番人気。鞍上も長らくゴールドシップに騎乗してきた内田博幸騎手からR・ムーア（有馬記念）→岩田康誠（阪神大賞典）を経てC・ウィリアムズと交代していた。騎乗者が替わり続けたことも含め、多くのファンが「信頼しにくい」と感じたのだろう、1番人気に推されたのは1歳下のダービー優勝馬キズナだった。ゴールドシップを挟み、日経賞を勝ったウインバリアシオンが3番人気。前年優勝馬フェノーメノが4番人気で続いた。

レース前の追い切りは好調さを感じさせ、鞍上となったウィリアムズも「グッドコンディション」と語っていた。管理する須貝尚介厩舎では1ヶ月前にジャスタウェイがドバイデューティーフリーを勝っており、陣営のムードも良さそうな感じがしていた。

レース当日、ゴールドシップは1頭だけ先に本馬場へ入場した。この時期は気性の荒さを見せ始めており、落ち着かせる意味での先入れだったのだろう。

場内を驚かせたのはスタート直前だった。スムーズにゲート入りした前年と異なり、ゲートイン後のゴールドシップは吠えながらゲート内で二度も三度も大きく立ち上がる。そんな渦中にゲートが開き、またもや出遅れた。

須貝師はレース後に「係員に後ろから押し込まれて怒っていた」と振り返った。レースが近づくと、須貝師が近づいても威嚇をしてくるという。人間と同じく緊張感が高まった反動で、平常心を保てなかったのかもしれない。これが事実なら、実に敏感な馬である。

前年と同じく1周目のスタンド前で最後方に構えたゴールドシップは向正面で先頭から20馬身以上離れた位置に構えた。流れがスローになると、3コーナー手前で先頭から10馬身ほどの位置に押し上げてきた。

4コーナーに差し掛かり追い出すと、前年よりもいい脚で進出を始めた。直線半ばでは一完歩ごとに差を縮め、「今年は大丈夫だ!」と感じさせた。その印象通り、上がりタイムは前年天皇賞の37秒0を大きく上回る34秒2だったが、前を行くウインバリアシオンやホッコーブレーヴ、キズナ、タニノエポレットらの上がりタイムは34秒1とゴールドシップを上回っていた。

これでは勝てない。ゴールドシップは7着に沈んだ。とはいえ優勝馬フェノーメノとの着差はわずか0・5秒。スタートさえスムーズだったら…とレースVTRをみて何度も感じてしまった。

勝ったのは前年優勝馬フェノーメノ。春の天皇賞を連覇したのはメジロマックイーン（1991・92年）・テイエムオペラオー（00・01年）以来であり、この後もキタサンブラックと勝ち馬フィエールマンが達成している。

レース後、須貝師は脚元を気にしており、報道陣のインタビューに答えると厩舎へ急いだ。ゴールドシップの骨には異常がなく「右の首筋から肩にかけての筋肉痛」との診断がなされた。この時点では放牧に出して秋を見据える感じもしたが、筋肉痛が和らいだこともあり、陣営は宝塚記念への出走を決めている。

3歳時は［7・2・0・1］＝勝率7割、複勝率9割だったゴールドシップだが、4歳になると［2・0・1・3］＝勝率3割、複勝率5割と急激に落ち込んだ。それでも5歳以降、GI2勝を挙げていくのだから、通常では計り知れない馬である。「いつ走るのかわからない」と囁かれ始めたのも、このレース以降のことであった。


（小川隆行）

2014年5月4日

第149回 天皇賞・春 GI

京都　芝右　3200m　4歳以上オープン　晴　良

ダービー馬キズナ（左）は4着、GI4勝ゴルシは7着。人気の2頭とも馬券圏外に…。

レース結果

着順	枠番	馬番	馬名	性齢	斤量	騎手	タイム	着差	人気
1	4	7	フェノーメノ	牡5	58	蛯名正義	03:15.1		4
2	6	12	ウインバリアシオン	牡6	58	武幸四郎	03:15.1	クビ	3
3	3	6	ホッコーブレーヴ	牡6	58	田辺裕信	03:15.1	ハナ	12
7	4	8	ゴールドシップ	牡5	58	C・ウィリアムズ	03:15.6		2

斤量	タイム	通過順	上がり	馬体重	勝ち馬(2着馬)
54	01:51.2	8-8-6-4	34.9	502	(コスモユッカ)
54	01:53.6	4-5-4-3	36.5	496	(ニシノカチヅクシ)
55	01:50.9	13-12-12-10	35.6	500	グランデッツァ
55	02:02.6	14-14-13-5	35.3	502	アダムスピーク
57	01:48.3	4-3-4	33.3	506	(ディープブリランテ)
57	02:01.3	18-18-17-6	34.6	498	(ワールドエース)
57	02:24.0	13-13-11-10	33.8	500	ディープブリランテ
56	02:25.2	12-11-8-6	34.5	498	(ロードアクレイム)
57	03:02.9	17-17-4-2	35.9	500	(スカイディグニティ)
55	02:31.9	16-15-14-10	34.9	506	(オーシャンブルー)
57	03:05.0	7-7-4-3	36.8	502	(デスペラード)
58	03:15.1	14-13-6-4	37.0	502	フェノーメノ
58	02:13.2	4-4-3-4	35.2	500	(ダノンバラード)
58	02:23.2	3-5-3-3	34.8	498	ヒットザターゲット
57	02:27.5	16-17-13-13	34.7	500	ジェンティルドンナ
57	02:33.8	12-11-8-4	37.8	498	オルフェーヴル
58	03:06.6	2-2-2-2	34.5	508	(アドマイヤラクティ)
58	03:15.6	18-18-15-14	34.2	506	フェノーメノ
58	02:13.9	4-3-4-4	35.2	504	(カレンミロティック)
57	01:59.2	14-14-12-4	35.3	502	ハープスター
59.5	—	—	—	計不	Treve
57	02:35.4	11-10-6-5	33.9	510	ジェンティルドンナ
58	02:14.1	13-9-8-11	34.4	516	クリールカイザー
58	03:05.9	6-5-3-2	35.5	508	(デニムアンドルビー)
58	03:14.7	14-14-3-4	35.0	510	(フェイムゲーム)
58	02:15.6	16-16-14-15	35.1	506	ラブリーデイ
57	02:25.1	17-17-15-5	34.5	510	ショウナンパンドラ
57	02:33.3	16-16-2-3	35.2	508	ゴールドアクター

ゴールドシップ全成績

年月日	競馬場	レース名	距離·天気	単勝	人気	着順	騎手
2011/7/9	函館	2歳新馬	芝1800晴	7	2	1	秋山真一郎
2011/9/10	札幌	コスモス賞 (OP)	芝1800晴	1.2	1	1	秋山真一郎
2011/10/1	札幌	札幌2歳S (GIII)	芝1800曇	4.5	2	2	安藤勝己
2011/12/24	阪神	ラジオNIKKEI杯 (GIII)	芝2000晴	5.9	3	2	安藤勝己
2012/2/12	東京	共同通信杯 (GIII)	芝1800晴	4.1	2	1	内田博幸
2012/4/15	中山	皐月賞 (GI)	芝2000晴	7.1	4	1	内田博幸
2012/5/27	東京	日本ダービー (GI)	芝2400晴	3.1	2	5	内田博幸
2012/9/23	阪神	神戸新聞杯 (GII)	芝2400晴	2.3	1	1	内田博幸
2012/10/21	京都	菊花賞 (GI)	芝3000晴	1.4	1	1	内田博幸
2012/12/23	中山	有馬記念 (GI)	芝2500晴	2.7	1	1	内田博幸
2013/3/17	阪神	阪神大賞典 (GII)	芝3000晴	1.1	1	1	内田博幸
2013/4/28	京都	天皇賞(春) (GI)	芝3200晴	1.3	1	5	内田博幸
2013/6/23	阪神	宝塚記念 (GI)	芝2200曇	2.9	2	1	内田博幸
2013/10/6	京都	京都大賞典 (GII)	芝2400晴	1.2	1	5	内田博幸
2013/11/24	東京	ジャパンC (GI)	芝2400晴	3.4	2	15	内田博幸
2013/12/22	中山	有馬記念 (GI)	芝2500晴	4.4	2	3	R·ムーア
2014/3/23	阪神	阪神大賞典 (GII)	芝3000晴	1.7	1	1	岩田康誠
2014/5/4	京都	天皇賞(春) (GI)	芝3200晴	4.3	2	7	C·ウィリアムズ
2014/6/29	阪神	宝塚記念 (GI)	芝2200曇	2.7	1	1	横山典弘
2014/8/24	札幌	札幌記念 (GII)	芝2000晴	1.8	1	2	横山典弘
2014/10/5	フランス	凱旋門賞 (GI)	芝2400ー	ー	7	14	横山典弘
2014/12/28	中山	有馬記念 (GI)	芝2500晴	3.5	1	3	岩田康誠
2015/1/25	中山	アメリカジョッキーCC (GII)	芝2200晴	1.3	1	7	岩田康誠
2015/3/22	阪神	阪神大賞典 (GII)	芝3000晴	1.6	1	1	岩田康誠
2015/5/3	京都	天皇賞(春) (GI)	芝3200晴	4.6	2	1	横山典弘
2015/6/28	阪神	宝塚記念 (GI)	芝2200晴	1.9	1	15	横山典弘
2015/11/29	東京	ジャパンC (GI)	芝2400晴	4.7	2	10	横山典弘
2015/12/27	中山	有馬記念 (GI)	芝2500曇	4.1	1	8	内田博幸

第二部 同時代ライバルと一族の名馬たち

同時代にしのぎを削った実力筆頭の貴婦人から
黒のライバル、凱旋門賞を一緒に走った盟友、
史上最強ステイヤーにつながる血脈まで

日本ダービーはメンバー中トップタイの上がり33秒8で追い込むも5着（一番左）。
デビュー後初めて馬券圏外に…。

同時代ライバル

オルフェーヴル

ゴールドシップと同じ父、母父、強さと危うさを併せ持つ史上7頭目の三冠馬

観る者の心を震わせ、眠っていた情熱に火を灯す。

オルフェーヴルは、そんな走りを見せてくれる優駿だった。しかし、真夏の強い陽射しには、それだけ影が色濃く映るように、その輝きとともに見せる影もまた強いものだった。

2011年、震災禍に沈む世情のなかで成し遂げた、史上7頭目となるクラシック三冠は、多くの人々に希望の光を灯した。さらに、ファンの夢を乗せて走るグランプリを、3歳から3年続けての勝利。そして遠きフランスはロンシャンの最高峰、凱旋門賞にも挑戦し、2年続けての2着という偉業を成し遂げた。

積み重ねられたその偉大な戦績もさることながら、時に見せる危うさと脆さゆえに、オルフェーヴルの走りからは誰もが目を離せなかった。勝つときは途方もないエネルギーで末脚を爆発させるが、それは危ういまでの激情と背中合わせだった。

デビュー戦を勝利した入線後から、鞍上の池添謙一騎手を振り落とす。3走目の京王杯2

歳Sでは、道中引っ掛かって2ケタ着順に沈んだ。しかし、その抑えきれないほどの激情は、陣営の尽力により爆発的な末脚へとその形を変えていく。

震災の影響により23年ぶりの東京開催となった皐月賞では、一瞬のうちに突き抜けた。日本ダービーでは、不良馬場のなか後方からこじ開けるように差し切っての二冠達成。そして菊花賞では、4コーナーで先頭に並びかけると、直線は後続を離すばかり。三冠を達成した入線後にも、池添騎手を振り落とす姿は、デビュー戦から変わらないオルフェーヴルの本質的な姿のようにも見えた。

その激情は、時にオルフェーヴル自身をも焦がし尽くすものだった。古馬初戦の阪神大賞典での、競馬史に残る逸走。その次走の天皇賞（春）では、後方でしっかりと折り合っていたはずが、直線では気の抜けたように伸びず大敗してしまう。三冠を達成するほどの圧倒的な強さとともに、時に危うさや脆さを見せるのがオルフェーヴルだった。

しかし、光が影をつくり、影が光とともにあるのだとすれば、オルフェーヴルの強さと危うさもまた、根源的には同じものだったのかもしれない。それはどこか、1年遅れて生を享けたゴールドシップと似ていた。

父ステイゴールド、母父メジロマックイーンという同じ血を持つ、オルフェーヴルとゴールドシップ。前向きすぎる激情と、抜身の日本刀のごとき切れ味の末脚のオルフェーヴル。

気分屋で、無尽蔵のスタミナでのロングスパートを得意としたゴールドシップ。気性も脚質も全く違うのだが、強さと危うさが同居することについては、本質的に似ていた。

13年の有馬記念は、その2頭が同じ舞台で走った、最初で最後のレースになった。

ゴールドシップは、鞍上のR・ムーア騎手がスタートから気合をつけながら中団後方を追走。これがラストランとなるオルフェーヴルは、その後ろに控えた。二度目の凱旋門賞から帰国して、その手綱は池添騎手に戻っていた。緩みのないペースで流れたレースは、3コーナーで沸点を迎える。徐々に進出しようとするゴールドシップを、さらにその外から馬なりでまくっていくオルフェーヴル。

4コーナーで早くも先頭に立ったオルフェーヴルは、無人の荒野を往くがごとく、直線を突き抜けた。2着のウインバリアシオンにつけた着差は、実に8馬身。おおよそGIとは思えない独走劇。大歓声が上がるスタンドとは裏腹に、オルフェーヴルはどこか静けさの中にいるように見えた。それは、自らを焼き焦がすような危ういまでの激情を、観る者の心に情熱の火を灯す光に昇華させたからだったのだろうか。

その姿は、直線で3着まで追い込んできたゴールドシップにも重なるように見えた。オルフェーヴルは、ゴールドシップとその本質において似通った部分のある名馬だった。そしてきっと、その本質を、人は愛するのだ。

（大嵜直人）

オルフェーヴル

生年月日 2008年5月14日
血統 (父)ステイゴールド
(母)オリエンタルアート
(母父)メジロマックイーン
調教師 池江泰寿(栗東)
獲得賞金 13億4408万円(中央)
通算成績 21戦12勝[12-6-1-2]
主な勝鞍 皐月賞　日本ダービー　菊花賞
有馬記念(2勝)　宝塚記念

全成績

年月日	競馬場	レース名	距離	人気	着順	騎手	タイム	馬体重	勝ち馬(2着馬)
2010/8/14	新潟	2歳新馬	芝1600重	2	1	池添謙一	01:37.4	448	(ショウナンパルフェ)
2010/10/3	中山	芙蓉S(OP)	芝1600良	1	2	池添謙一	01:35.3	450	ホエールキャプチャ
2010/11/13	東京	京王杯2歳S(GII)	芝1400良	1	10	池添謙一	01:22.6	454	グランプリボス
2011/1/9	京都	シンザン記念(GIII)	芝1600良	3	2	池添謙一	01:34.2	456	レッドデイヴィス
2011/2/6	京都	きさらぎ賞(GIII)	芝1800良	2	3	池添謙一	01:47.8	450	トーセンラー
2011/3/26	阪神	スプリングS(GII)	芝1800良	1	1	池添謙一	01:46.4	444	(ベルシャザール)
2011/4/24	東京	皐月賞(GI)	芝2000良	4	1	池添謙一	02:00.6	440	(サダムパテック)
2011/5/29	東京	日本ダービー(GI)	芝2400不	1	1	池添謙一	02:30.5	444	(ウインバリアシオン)
2011/9/25	阪神	神戸新聞杯(GII)	芝2400良	1	1	池添謙一	02:28.3	460	(ウインバリアシオン)
2011/10/23	京都	菊花賞(GI)	芝3000良	1	1	池添謙一	03:02.8	466	(ウインバリアシオン)
2011/12/25	中山	有馬記念(GI)	芝2500良	1	1	池添謙一	02:36.0	462	(エイシンフラッシュ)
2012/3/18	阪神	阪神大賞典(GII)	芝3000稍	1	2	池添謙一	03:11.9	462	ギュスターヴクライ
2012/4/29	京都	天皇賞(春)(GI)	芝3200良	1	11	池添謙一	03:15.6	460	ビートブラック
2012/6/24	阪神	宝塚記念(GI)	芝2200良	1	1	池添謙一	02:10.9	456	(ルーラーシップ)
2012/9/16	フランス	フォワ賞(GII)	芝2400稍	1	1	C・スミヨン	02:34.3	計不	(Meandre)
2012/10/7	フランス	凱旋門賞(GI)	芝2400重	2	2	C・スミヨン		計不	Solemia
2012/11/25	東京	ジャパンC(GI)	芝2400良	1	2	池添謙一	02:23.1	458	ジェンティルドンナ
2013/3/31	阪神	産経大阪杯(GII)	芝2000良	1	1	池添謙一	01:59.0	464	(ショウナンマイティ)
2013/9/15	フランス	フォワ賞(GII)	芝2400重	1	1	C・スミヨン	02:41.5	計不	(Very Nice Name)
2013/10/6	フランス	凱旋門賞(GI)	芝2400重	1	2	C・スミヨン		計不	Treve
2013/12/22	中山	有馬記念(GI)	芝2500良	1	1	池添謙一	02:32.3	466	(ウインバリアシオン)

同時代ライバル

ジェンティルドンナ

対戦成績は2勝2敗と五分 ゴルシ最大のライバル牝馬

オルフェーヴルが三冠を達成した翌年、2012年のクラシック6戦（秋華賞を含む）を勝った馬はわずか3頭。これは20年の2頭（コントレイルとデアリングタクト）に次ぐ少なさである。牡馬戦線がゴールドシップとディープブリランテの2頭で、牝馬戦線は史上4頭目の三冠馬となったジェンティルドンナの1強状態だった。

デビュー5戦目の桜花賞を勝ったジェンティルドンナだったが、オークスでは過去5戦すべてがマイル戦で距離に不安、加えて初の長距離輸送。鞍上の岩田康誠騎手が騎乗停止処分を受け川田将雅騎手に乗り替わるなど危険な要素も多かったが、終わってみれば2着ヴィルシーナに5馬身差の圧勝劇。勝ち時計2分23秒6はレースレコードを1秒7も更新した。

秋初戦のローズSでは好位2番手から後方馬を寄せ付けず、続く秋華賞で三冠を達成。父ディープインパクトとの「親仔三冠達成」は史上初の快挙だった。

続くジャパンCでは先輩三冠馬オルフェーヴルと史上2例目（1例目はミスターシービーと

シンボリルドルフ）の三冠馬対決が実現した。凱旋門賞で僅差の2着に惜敗したオルフェーヴルが1番人気でジェンティルドンナは3番人気。ほかにも凱旋門賞を勝ったソレミアや前走の天皇賞（秋）でGI2勝目を挙げたエイシンフラッシュなどGI馬9頭という豪華メンバーの中、ラチ沿いの馬場の走りやすさを確認した岩田騎手は内にこだわるコース取りを行い、直線では狭い箇所をこじあけるべく先輩三冠馬に馬体をぶつけてハナ差先着。牝馬とは思えぬ闘争的な勝利が評価され年度代表馬に選出された。

4歳初戦のドバイシーマクラシックを2着後、宝塚記念でゴールドシップと初対決。2頭とも単勝2倍台＝一騎打ちの様相を呈した。

ジェンティルドンナはスタートを決めて先行。一方、前走の天皇賞で出遅れ5着に敗れたゴールドシップもジェンティルドンナをマークするように4番手につける。ジェンティルドンナは父ディープに似たスムーズな走りで、かたやゴールドシップは歩幅の小さいピッチで追走。コアなファンの目には、両馬の走りはまるで違うと見えただろう。3コーナーを過ぎるとゴールドシップは早くも押し上げ、対するジェンティルドンナは手綱を持ったままラチ沿いを走っている。ここまでの展開をみる限りジェンティルドンナが有利と感じたが、ゴールドシップのロングスパートは衰えず、名牝は3着に敗れてしまった。

しかし、ジェンティルドンナは雪辱を果たす。秋初戦の天皇賞を2着すると、続くジャパンCでゴールドシップと二度目の対戦を迎えた。前半1000m62秒4というスローペースを3番手で進んだジェンティルドンナが突き抜け、レース史上初の連覇を果たした。ゴール前は団子状態で、各馬の着差をみるとハナやクビなど僅差状態。そんな中、ゴールドシップは前と3馬身半差、ジェンティルドンナから遅れること1秒4差の15着と大敗した。

5歳初戦の京都記念は6着に終わり、3歳チューリップ賞（4着）以来10戦ぶりの馬券圏外。続くドバイシーマクラシックでGI6勝目をマークするも、宝塚記念ではまたもゴールドシップに敗れた。秋は天皇賞2着、3連覇を目指したジャパンCは4着。「名牝もここまでか…」との空気も漂う中、管理する石坂正師は「ジャパンCは中途半端だった」と有馬記念に向かった。中山コース初出走に加え、不調ムードもあって4番人気だったが、ゴールドシップより4馬身ほど前の3番手を走ると、直線で追い上げてきたライバルより鋭い末脚をみせてGI7勝目をマーク。総獲得賞金17億円はテイエムオペラオーに次ぐ史上2位（現在はアーモンドアイ1位、キタサンブラック2位、ジェンティルドンナ5位、ゴールドシップ9位）となり、ライバルとの対戦成績を2勝2敗としてターフに別れを告げた。

母になると3番仔のジェラルディーナが22年のエリザベス女王杯を勝ち、アパパネ&アカイトリノムスメに次ぐ三冠牝馬2例目の母娘GI勝利を達成。同馬がゴールドシップ産駒と戦うのを密かな楽しみとしている。

（小川隆行）

ジェンティルドンナ

生年月日 2009年2月20日
血統 （父）ディープインパクト
（母）ドナブリーニ
（母父）Bertolini
調教師 石坂正（栗東）

獲得賞金 13億2621万円（中央）
通算成績 19戦10勝［10-4-1-4］
主な勝鞍 桜花賞　オークス　秋華賞
ジャパンC（2勝）　ドバイシーマC
有馬記念

全成績

年月日	競馬場	レース名	距離	人気	着順	騎手	タイム	馬体重	勝ち馬（2着馬）
2011/11/19	京都	2歳新馬	芝1600不	1	2	M・デムーロ	01:41.0	474	エーシンフルマーク
2011/12/10	阪神	2歳未勝利	芝1600良	1	1	I・メンディザバル	01:36.7	470	（ヤマニンカヴァリエ）
2012/1/8	京都	シンザン記念(GIII)	芝1600良	2	1	C・ルメール	01:34.3	466	（マイネルアトラクト）
2012/3/3	阪神	チューリップ賞(GIII)	芝1600良	2	4	岩田康誠	01:36.1	460	ハナズゴール
2012/4/8	阪神	桜花賞(GI)	芝1600良	2	1	岩田康誠	01:34.6	456	（ヴィルシーナ）
2012/5/20	東京	オークス(GI)	芝2400良	3	1	川田将雅	02:23.6	460	（ヴィルシーナ）
2012/9/16	阪神	ローズS(GII)	芝1800良	1	1	岩田康誠	01:46.8	472	（ヴィルシーナ）
2012/10/14	京都	秋華賞(GI)	芝2000良	1	1	岩田康誠	02:00.4	474	（ヴィルシーナ）
2012/11/25	東京	ジャパンC(GI)	芝2400良	3	1	岩田康誠	02:23.1	460	（オルフェーヴル）
2013/3/30	UAE	ドバイシーマC(GI)	芝2410良	1	2	岩田康誠	–	計不	(St Nicholas Abbey)
2013/6/23	阪神	宝塚記念(GI)	芝2200良	1	3	岩田康誠	02:13.8	470	ゴールドシップ
2013/10/27	東京	天皇賞(秋)(GI)	芝2000良	1	2	岩田康誠	01:58.2	470	ジャスタウェイ
2013/11/24	東京	ジャパンC(GI)	芝2400良	1	1	R・ムーア	02:26.1	470	（デニムアンドルビー）
2014/2/16	京都	京都記念(GII)	芝2200稍	1	6	福永祐一	02:16.5	478	デスペラード
2014/3/29	UAE	ドバイシーマC(GI)	芝2410良	2	1	R・ムーア	02:27.2	計不	(Cirrus des Aigles)
2014/6/29	阪神	宝塚記念(GI)	芝2200良	3	9	川田将雅	02:15.1	468	ゴールドシップ
2014/11/2	東京	天皇賞(秋)(GI)	芝2000良	2	2	戸崎圭太	01:59.8	470	スピルバーグ
2014/11/30	東京	ジャパンC(GI)	芝2400良	1	4	R・ムーア	02:24.0	472	エピファネイア
2014/12/28	中山	有馬記念(GI)	芝2500良	4	1	戸崎圭太	02:35.3	470	（トゥザワールド）

同時代ライバル

フェノーメノ

両雄並び立たずを感じさせた！名ステイヤーとして大活躍した同期生

ステイゴールドファンには「ゴールドシップのライバルは？」と聞かれて、フェノーメノと答える人も多いのではないだろうか。同じ父を持つGI馬にもかかわらず「両雄並び立たず」という不思議な関係のライバルとして、ファンの記憶に深く刻まれた。

青葉賞を完勝したフェノーメノは、2012年ダービーで皐月賞馬ゴールドシップとの初対決を迎える。人気の上ではゴールドシップ2番人気、フェノーメノ5番人気だったが、蓋をあけてみれば、勝ち馬ディープブリランテに最も迫ったのはフェノーメノの方だった。ゴールドシップ5着に対し、フェノーメノは2着と、大舞台で目立つ走りを見せつけた。

秋にはセントライト記念を制し、天皇賞（秋）でもエイシンフラッシュと0・1秒差の2着と、GI級の能力を見せたフェノーメノ。ゴールドシップとの二度目の対決は翌13年、天皇賞（春）だった。ゴールドシップは既にGI3勝馬であり、前哨戦・阪神大賞典の完勝ぶりからも1・3倍という断然の1番人気に推される。しかしレースが始まると、ゴールドシップは定位置の後方からのマクリで4角4番手まで押し上げつつも、直線で力尽き5着。一方のフェノーメノは好位追走から、直線入口で先頭に立ち、そのまま押し切る横綱相撲で見事GI初制覇を遂げた。3度目の対決は次走の宝塚記念。ここでは負けられないとばかりに意地を見せたゴールドシップが完勝し、フェノーメノは4着に敗れる。この頃から、「ゴールドシップとフェノーメノは一緒に馬券圏内に来ない」と、ファンの間で話題になり始めた。

翌14年、両雄は再び天皇賞（春）で相まみえる。阪神大賞典を連覇し、万全の状態で迎えたゴールドシップを、またもフェノーメノが返り討ちにし、天皇賞（春）2連覇の偉業を達成。最後の対決となった同年の有馬記念では、ゴールドシップが先着した。これで12年ダービー（フェノーメノ2着、ゴールドシップ5着）、13年天皇賞（春）（フェノーメノ1着、ゴールドシップ5着）、13年宝塚記念（フェノーメノ4着、ゴールドシップ1着）、14年天皇賞（春）（フェノーメノ1着、ゴールドシップ7着）、14年有馬記念（フェノーメノ10着、ゴールドシップ3着）と、最終的な2頭の対戦成績はフェノーメノの3勝2敗となり、ついに同時に馬券圏内に来ることはなかった。

フェノーメノは翌15年、史上初の天皇賞（春）3連覇を目指したものの、直前に故障が発覚し無念の引退となってしまう。そして主役を失ったこの一戦を、ライバルのゴールドシップが制する。2頭のドラマは劇的なエンディングを迎えたのだった。

（金川夢路）

父	ステイゴールド	戦績	［7-2-0-9］ 天皇賞・春（2勝）
母	ディラローシェ	距離適性	中長距離
母の父	デインヒル	脚質	先行

同時代ライバル

ディープブリランテ

ゴールドシップ世代のダービー馬 ハナ差の大接戦を摑んだ岩田康騎手の執念

序盤は後方に構え、レース中盤からロングスパートをかけるゴールドシップ。片や、卓越したスピードを武器に、早目先頭から粘り込むディープブリランテ。2012年の春のクラシックを分け合った2頭は対照的な脚質でターフを沸かせたライバルだが、互いに「初めての挫折を味わわせた関係」とも言い換えられるのではないだろうか。

断然人気に推された共同通信杯でゴールドシップによもやの敗戦を喫し、最初に挫折を味わったディープブリランテ。一方、6戦4勝2着2回で迎えたダービーにおいて、スピードと瞬発力の壁にぶつかり5着敗戦。同じく挫折を味わったのがゴールドシップである。

最初にクラシック候補へと躍り出たのはディープブリランテだった。新馬戦を5馬身差で圧勝すると、続く東京スポーツ杯2歳Sも道中行きたがりながら2着に3馬身差をつけ完勝。来年のダービー馬！　と確信したファンは相当数いたはずで、ダービーはおろか、父ディープインパクトに続く無敗の三冠馬になると予想したファンも少なくなかった。

それゆえ、年明け初戦の共同通信杯で、勝ちきれないレースが続いていたゴールドシップの軍門にあっさり降ったことには、やや拍子抜けしてしまった。この時は前走よりもさらに行きたがり、内枠を引いたこともあって逃げの手に出たが、先を見据えた仕上げとはいえ、交わされてからはほぼ抵抗できず完敗。続くスプリングSもグランデッツァに敗れたことで、未来のダービー馬のメッキはもろくも剝がれかかりはじめていた。

さらに、皐月賞ではゴールドシップの奇襲に遭い、ワールドエースにも差されて3着に敗戦。三冠の夢は潰え、ダービーさえも難しいのではないか——。一気に萎んでしまったディープブリランテに対する期待はしかし、良い意味で裏切られることになる。

府中の長い直線。中団で伸びあぐねるゴールドシップとは対照的に、残り200mで先頭に立ち必死に粘り込もうとするディープブリランテ。そこへ襲いかかってきたのは、自身と同じ勝負服のフェノーメノで、蛯名正義騎手悲願のダービー制覇の夢を乗せていた。

振り返ること3週間前。騎乗停止処分を受けた主戦の岩田康成騎手は、そこからつきっきりでディープブリランテの調教に跨がることを矢作芳人調教師に直訴。課題となっていた、折り合いを改善するための馬具も進言した。すると、この日はしっかり折り合いがつき、最後はフェノーメノとハナ差の大接戦になったものの、岩田騎手の執念がわずか23センチ上回り、歓喜のダービー制覇へとつながったのである。

（齋藤翔人）

父 ディープインパクト
母 ラヴアンドバブルズ
母の父 Loup Sauvage
戦績 ［3-2-1-1］ 日本ダービー　東京スポーツ杯2歳S
距離適性 中長距離
脚質 先行

同時代ライバル

ハープスター

札幌からフランスへ共に歩んだ世界を狙った3歳牝馬

いちばん遅れて第4コーナーを通過して、誰よりも先にゴールに飛び込んだ。またたく間に片が付いてしまった。他の馬が止まって見えた。

そんな風にハープスターはビッグレースを一瞬で終わらせてきた。2歳時にはのちの皐月賞馬を一蹴、桜花賞では道中他馬の争いを後ろから眺め、直線に入ったところで遥か遠くに先頭を据えた馬群を大外からまとめて交わした。重ねた快進撃に可能性を見出され、桜花賞を制した頃にはすでに凱旋門賞の出走登録を済ませていた。

凱旋門賞はここ10年、他の馬より軽いハンデも利してか3歳牝馬が三度も優勝している。未だ日本勢は一度も制していないが、3歳のハープスターなら歴史を変えられるのではないか。

そんなハープスター陣営がフランス行きの壮行レースに選んだのが年上の古馬も出走する夏の大一番・札幌記念だった。同じく凱旋門賞を目指すGⅠ5勝ゴールドシップも出走する。

5歳のゴールドシップは宝塚記念連覇を成し遂げたばかり、古馬として充実期を迎えていた。パワーのいる札幌の芝はゴールドシップにうってつけで、一方のハープスターは初の舞台。最後の末脚でねじ伏せる強さが、直線の短いコースでどこまで活かせるだろうか。

いずれにしても、ここを勝ち切らないと世界の舞台で戦えるはずもない。ハープスターを管理する厩舎にはかつて、3歳で凱旋門賞を目指した才能溢れる牝馬ブエナビスタがいた。しかし札幌記念で敗れ、凱旋門賞は白紙に。夢の続きはハープスターに託された。

迎えた札幌記念、ハープスターはこれまでとうってかわって最終コーナー前で果敢に前団に加わる戦法をとった。続くゴールドシップが追いすがる。大胆に外を回すゴールドシップに対し、ハープスターは内目を機敏に立ち回ってゴールドシップの前に出る。残り200mを過ぎてからは2頭だけのレースだった。ハープスターは最後までゴールドシップに並ばせることなく、先頭のままでゴールを突き抜けた。歴戦の古馬を退けた自信もさることながら、第3コーナーから粘り強く走れたのも本番への大きな弾みとなった。

それから2頭は予定通り渡仏し、同じパリ郊外の厩舎で来たる大一番を待った。世界の壁は確かに厚かったが、ハープスターは時計のかかるロンシャンのコースでも最後まで伸び続け6着と健闘。日本勢では最先着を果たした。

凱旋門賞における日本の3歳牝馬の出走はハープスターがはじめてで、ここでの6着は2023年現在もなお日本勢牝馬の最高着順である。


（手塚瞳）

父　ディープインパクト
母　ヒストリックスター
母の父　ファルブラヴ
戦績　［5-2-0-4］　桜花賞　新潟2歳S　チューリップ賞　札幌記念
距離適性　マイル〜中距離
脚質　追込

同時代ライバル

ジャスタウェイ

ゴールドシップと隣同士の馬房で過ごした世界ナンバーワンに評価された名馬

ゴールドシップとジャスタウェイの関係を一言で表すとすれば、「ライバル」というよりは「同志」という言葉が相応しいように思う。三度の対戦があったとはいえ、ともに須貝尚介厩舎に所属し、馬房も隣同士。いわゆる同じ釜の飯を食った仲で、調教パートナーになることも頻繁にあった。

同世代で誕生日も2日しか違わないが、得意とする距離帯は異なり、須貝師が「ゴールドシップは番長。ジャスタウェイはお坊ちゃん」と評したように性格も真逆。また、早くから世代トップの座にいたゴールドシップに比べ、4歳夏までのジャスタウェイは、重賞で度々好走するもののGⅠでは力不足。スターダムに駆け上がるまでの過程も対照的だった。

ところが、この関係が一気に変化するタイミングは突如として訪れた。夏を越え、迎えた秋初戦。ゴールドシップが京都大賞典で圧倒的な支持に応えられず、よもやの5着に敗れ打ちひしがれていた頃、それまで裏街道を歩んでいたはずのジャスタウェイが、天皇賞で当時の最強牝馬ジェンティルドンナを一蹴。4馬身差の大圧勝劇を演じたのだ。

父ハーツクライの覚醒と、ほぼ同じ時期に大爆発。瞬間風速的な衝撃でいえば、近代競馬史上屈指といっても過言ではないほど、凄まじいまでの成長力を伴った「ジャスタウェイ台風」は、日本列島だけでなく中東の地をも襲撃したのである。

5歳初戦の中山記念を難なく制し、これ以上ない勢いをつけて臨んだドバイデューティフリーでは、2着になんと6馬身もの大差をつけ再び圧勝。このとき、直線で先頭に立ったジャスタウェイの末脚は、どこまでも果てしなく伸びていくという表現がピッタリで、従来のタイムを2秒以上更新するコースレコードのおまけ付き。そして、この勝利により、2014年のワールドベストレースホースランキング単独世界一の座も獲得したのだ。これは、2023年3月時点で、日本調教馬ではジャスタウェイしか獲得していない偉業だった。

その後、不良馬場の安田記念で、文字どおり死闘の末にグランプリボスを撃破してGI3連勝を達成すると、秋は宝塚記念を連覇して復権したゴールドシップと凱旋門賞に挑戦し8着。さらにジャパンC2着を経て、有馬記念で同志と三度目の対決が実現するも、この年は史上唯一枠順ドラフトがおこなわれたレースで、運悪く外枠を引かされたことが影響したのか4着に敗戦。それでも、守備範囲外の距離では大善戦といえる内容で、同志ゴールドシップとクビ差の接戦を演じ、一足早く現役生活に別れを告げたのである。

（齋藤翔人）

父 ハーツクライ
母 シビル
母の父 Wild Again

戦績 ［6-6-1-9］ 天皇賞・秋　アーリントンC　中山記念　ドバイデューティフリー　安田記念
距離適性 マイル〜中距離
脚質 差し

同時代ライバル

トーセンジョーダン

ゴールドシップとの特殊な関係性
天皇賞を制した実力派の良血馬

今浪隆利厩務員は、ゴールドシップの他馬との距離感について「馬房の中では人を近づかせない馬でした。自分の世界を持っている馬で、パーソナルスペースに入ろうとしたら脅されるんです。猫とかは気にしないんですけど、人間や知らない馬、牝馬を見かけると手に負えなくなるんです」と振り返る。パーソナルスペースは馬房に限らず、調教でも変わらずゴールドシップの周りに存在したという。そこに入ってしまった1頭が、トーセンジョーダンだ。

「トーセンジョーダンが坂路をあがったあとにぐるぐる回っていたところへ、たまたまゴールドシップが通りかかったんです。途中まで普通の態度だったんですが、すれ違った瞬間に襲っていったんですよね。一体、何があったのか…」

日頃から一緒にいた今浪厩務員も首を傾げるほど、突然の激突。トーセンジョーダンは2006年生まれでゴールドシップは09年生まれ。3歳差はサラブレッドの世界ではかなりの年齢差といえるが、そんな大先輩の何かがゴールドシップの癇に障ったのだろう。

トーセンジョーダンといえば、近親にカンパニーやヒストリカルらがいる良血馬。セリでは1億7000万円もの高額で取引された。裂蹄でクラシック参戦は叶わなかったものの、4歳でアルゼンチン共和国杯などを制覇。ゴールドシップがデビューを迎えた11年7月には重賞2勝馬で、続く8月の札幌記念、10月の天皇賞（秋）と連勝している。見た目も、480キロ前後の雄大な馬体に、GI馬としての風格も備えた名馬だった。

しかしゴールドシップの怒りは、一度の諍いでは終わらない。

「ものすごく頭が良いですから、一度襲った馬は忘れないんです」と苦笑いする今浪厩務員の言葉通り、ゴールドシップはトーセンジョーダンを記憶に焼き付けた。

「一度争ってからは、見かけるたびに襲い掛かりにいくようになって…。顔を覚えたのでしょうね、ゴールドシップが一方的に突っかかる感じでした。かなり遠くからでもトーセンジョーダンを見つけて、雰囲気がピリッと変わるんです。周囲の人間よりもトーセンジョーダンを見つけるのがうまかったです。どうやって探していたのやら…」

2頭の本当の関係性は、我々が知る由もない。ただ、トーセンジョーダンが現役時代に制した4重賞のうちアメリカジョッキークラブCと札幌記念は、いずれもゴールドシップが挑みながらも敗れた重賞であり、他の2レースはゴールドシップが未挑戦の重賞である。もしかするとこの2頭、文字通りウマが合わなかったのかもしれない。

（緒方きしん）

父 ジャングルポケット
母 エヴリウィスパー
母の父 ノーザンテースト

戦績 ［9-4-2-15］ 天皇賞・秋　アルゼンチン共和国杯
AJCC　札幌記念
距離適性 中〜長距離
脚質 差し

一族の名馬

メジロマックイーン

ゴールドシップに受け継いだ メジロ三代の天皇賞制覇

日本競馬界きっての名ステイヤー・メジロマックイーン。ソエの影響から春クラシックは見送られたが、夏に条件戦を連勝後、芝3000mの嵐山Sを2着に好走すると、続く菊花賞でダービー2着メジロライアン、3着ホワイトストーンを退け優勝。以降は6歳まで現役を続け、春の天皇賞を連覇するなどGI4勝を挙げた。

4歳秋の天皇賞では先頭でゴールするも、スタート直後の斜行で18着降着となった。しかしマックイーン自身は2着以下を1秒以上も離しており、レース内容は完璧だった。半年後の春の天皇賞では1歳下の二冠馬トウカイテイオーを1秒7も突き放す快勝。距離に関係なく、先行して抜け出す走りは多くのファンを驚愕させた。

そんな名馬のルーツをたどると「生産界の奇跡」がみえてくる。

祖父メジロアサマは種牡馬初年度、受胎した牝馬が1頭も出なかった。現役時代、流感の治療で使用した抗生物質が原因で精子が薄かったそうだ。所有者の北野豊吉が愛馬を信じて治療をした結果、メジロアサマは10年間で19頭の仔を産出。うち11頭が中央競馬で勝ち上がった。フランスから輸入した牝馬シェリルとの交配で生まれたメジロティターンが秋の天皇賞（当時は3200m）を勝っている。

種牡馬となったメジロティターンは父と異なり200頭以上の産駒を世に送った。その出世頭が重賞9勝を挙げたメジロマックイーンだ。4歳年上の半兄メジロデュレン（父フィディオン）と同じく、芝3000mの嵐山Sを好走して菊花賞を優勝。6歳まで現役を続け、GI4勝を挙げる名ステイヤーとなった。

種牡馬となったメジロマックイーンは初年度にクイーンCを勝ったエイダイクインを輩出するも、生涯で送り出した600頭以上の産駒のうち重賞勝ち馬は5頭のみ、GI優勝馬は1頭も出なかった。ノーザンテースト牝馬に配合すると小さな馬体の仔が多く、マックの雄大な馬体は消えたという。

結果として天皇賞の親仔制覇は三代で途切れたが、娘たちと種牡馬ステイゴールドとの相性はよかった。

ダートで3勝を挙げたオリエンタルアートは初仔からドリームジャーニーを送り出し、5年目に誕生したオルフェーヴルが史上7頭目の三冠馬となる。2頭の全兄弟が挙げたGI9勝は、他の全兄弟（ヴィルシーナ&ヴィブロス、アグネスフライトとアグネスタキオンなど）の追随を許さない記録となっている。

4年目の産駒ポイントフラッグはクラシック好走が期待された素質馬だった。デビューから3戦は、後にゴールドシップを管理する須貝尚介騎手が騎乗して2・1・3着。年が明けると紅梅S、エルフィンS、チューリップ賞と3戦連続2着。その後桜花賞13着、オークス11着、エリザベス女王杯10着と三冠戦は入着できずに終わったが、しぶとい先行力が持ち味だった。

面白いのは、ポイントフラッグが馬体重500キロ超の大型馬だった点だ。当時も今も牝馬で500キロを超える活躍馬は珍しい。芦毛で大型という遺伝の特徴を、メジロマックイーンから受け継ぎゴールドシップに渡している。

メジロマックイーンの娘たちはステイゴールド以外にもマンハッタンカフェ（函館記念優勝ラブイズブーシェ）やゴールドアリュール（重賞2勝フーラブライド）、デュランダル（準オープン馬エーティータラント）などサンデー直仔である種牡馬と配合され、活躍馬を出しているが、父父&母父として相性が良かったメジロマックイーンとサンデーサイレンスは種牡馬時代、とても仲良しだったそうだ。

サンデー&マックの祖父同士は、人間に例えれば「縁側で将棋をするおじいちゃんたち」だったのかもしれない。

（後藤豊）

（この頃、旧馬齢表記）

メジロマックイーン

生年月日 1987年4月3日

血統 (父)メジロティターン
(母)メジロオーロラ
(母父)リマンド

調教師 池江泰郎(栗東)

獲得賞金 9億9810万円(中央)

通算成績 21戦12勝[12-6-1-2]

主な勝鞍 菊花賞　天皇賞・春(2勝)　宝塚記念

全成績

年月日	競馬場	レース名	距離	人気	着順	騎手	タイム	馬体重	勝ち馬(2着馬)
1990/2/3	阪神	4歳新馬	ダ1700不	2	1	村本善之	01:47.7	492	(ハギノレジェンド)
1990/2/25	阪神	ゆきやなぎ賞(500万下)	芝2000重	1	2	村本善之	02:04.6	486	シンボリデーバ
1990/5/12	京都	あやめ賞(500万下)	芝2200良	1	3	村本善之	02:17.5	484	ホウユウロイヤル
1990/9/2	函館	渡島特別(500万下)	ダ1700良	1	2	内田浩一	01:46.6	496	マンジュデンカブト
1990/9/16	函館	木古内特別(500万下)	ダ1700重	1	1	内田浩一	01:47.3	498	(リキサンロイヤル)
1990/9/23	函館	大沼S(900万下)	芝2000不	1	1	内田浩一	02:04.5	498	(トウショウアイ)
1990/10/13	京都	嵐山S(1500万下)	芝3000稍	1	2	内田浩一	03:06.6	480	ミスターアダムス
1990/11/4	京都	菊花賞(GI)	芝3000重	4	1	内田浩一	03:06.2	484	(ホワイトストーン)
1991/3/10	中京	阪神大賞典(GII)	芝3000良	1	1	武豊	03:07.3	488	(ゴーサイン)
1991/4/28	京都	天皇賞(春)(GI)	芝3200良	1	1	武豊	03:18.8	482	(ミスターアダムス)
1991/6/9	京都	宝塚記念(GI)	芝2200良	1	2	武豊	02:13.8	484	メジロライアン
1991/10/6	京都	京都大賞典(GII)	芝2400良	1	1	武豊	02:26.5	486	(メイショウビトリア)
1991/10/27	東京	天皇賞(秋)(GI)	芝2000不	1	18(降着)	武豊	02:02.9	498	プレクラスニー
1991/11/24	東京	ジャパンC(GI)	芝2400良	1	4	武豊	02:25.3	498	ゴールデンフェザント
1991/12/22	中山	有馬記念(GI)	芝2500良	1	2	武豊	02:30.8	492	ダイユウサク
1992/3/15	阪神	阪神大賞典(GII)	芝3000稍	1	1	武豊	03:13.5	492	(カミノクレッセ)
1992/4/26	京都	天皇賞(春)(GI)	芝3200良	2	1	武豊	03:20.0	490	(カミノクレッセ)
1993/4/4	阪神	産經大阪杯(GII)	芝2000良	1	1	武豊	02:03.3	504	(ナイスネイチャ)
1993/4/25	京都	天皇賞(春)(GI)	芝3200良	1	2	武豊	03:17.5	500	ライスシャワー
1993/6/13	阪神	宝塚記念(GI)	芝2200良	1	1	武豊	02:17.7	494	(イクノディクタス)
1993/10/10	京都	京都大賞典(GII)	芝2400良	1	1	武豊	02:22.7	496	(レガシーワールド)

一族の名馬

ステイゴールド

クレイジーな競走生活から始まった旅路 多くの名馬を送り出す歴史的種牡馬に

今や名種牡馬として知られるステイゴールド。しかし彼の現役時を知るファンにとっては信じられない思いが強いはずだ。デビュー戦3着の次走、1番人気に推されるも道中全く行く気を見せなかった。3角で異変を感じたペリエ騎手が止めようとしたが、それを無視し最下位16着で完走。レース後、ペリエ騎手は「クレイジー!」と叫んだとか。ダートに矛先を変えた次走、以後長くコンビを組む熊沢重文騎手を鞍上に再び1番人気に。ところが今度は4角で観客席目がけて突進。鞍上を振り落とし逸走と、2戦連続でとんでもない競馬を見せてしまう。ステイゴールドの長い旅路は最悪とも言えるスタートだった。

初勝利まで6戦を要したが、勝ち上がると連勝。一戦を挟んで1997年9月6日、〝あの〟阿寒湖特別を迎える。このレースを完勝し、ようやく実力を見せ始めたステイゴールドだったが、このレース以降、00年5月まで約2年8ヶ月間、勝利から見放されることになる。

菊花賞8着後3戦連続2着。格上挑戦となるダイヤモンドSで重賞初連対を果たし、日経賞4着を挟んで天皇賞（春）に挑戦すると、10番人気の低評価を覆してGⅠ初連対を果たす。宝塚記念でも9番人気ながら逃げ切りを図るサイレンススズカを猛追、4分の3馬身差2着に食い込み、天皇賞馬エアグルーヴ、同メジロブライトに先着。このレースで「愛すべきシルバーコレクター」として、ステイゴールドの人気は定着していった。

幾度となく好走しつつも依然として主な勝鞍が「阿寒湖特別」のまま迎えた00年、年明けからGⅡ3戦を2・3・2着、さらに天皇賞（春）を4着で終えると、次走の目黒記念で陣営は鞍上を武豊騎手に変更する。天才騎手はコンビ初戦で見事に目黒記念を制し、ステイゴールドを悲願の初重賞制覇に導いたのである。土曜日にもかかわらず、東京競馬場はGⅠ並みの大歓声が響き、ステイゴールドを祝福した。

その後5戦連続4着以下に沈み、引退もちらつく状況だったが、陣営は明け7歳の01年も現役続行を選択。そして日経新春杯でトップハンデ58・5キロをものともせず復活劇を見せると、ドバイから運命の招待状が届く。現地に到着して大きく馬体重を減らすなど順調ではない中、01年3月24日、奇しくもステイの誕生日——世界の強豪が集ったドバイシーマクラシックで、当時の世界王者ファンタスティックライトと壮絶な叩き合いの末、差し切る快挙を成し遂げたのである。これが日本馬のドバイ初勝利でもあった。

01年12月16日、武豊騎手と挑んだ引退レース香港ヴァーズでは、直線で7馬身前にドバイと同じ、ゴドルフィンブルーの勝負服をまとったフランキー騎乗のエクラールがいた。とても届かない差に見えた。しかもステイゴールドは、この土壇場で初めて右にササリラチに向かっていってしまう。「届かないか…」と周囲が肩を落とした刹那、武豊騎手の一瞬の手綱捌きでステイゴールドは手前を変える。残り100m、まだ3馬身差はあったが、ステイゴールドはまるでワープしたかのようにあっという間に差し切ってしまう。武豊騎手をして「羽が生えたようだった」という信じられない末脚。最後の最後に隠していた能力を開放したステイゴールドは、ラストランでGI初制覇という最高のエンディングを迎えたのである。

種牡馬としても期待を遥かに上回る産駒を多数輩出。産駒GI初制覇ドリームジャーニーと三冠馬オルフェーヴル兄弟、障害GI9勝オジュウチョウサン、そして愛される芦毛のアイドル・ゴールドシップなどを送り出し、海外を含めGI35勝。17年連続重賞制覇。国内重賞116勝はサンデーサイレンス、ディープインパクト、キングカメハメハに次ぐ4位という輝かしい成績。文句なしの大種牡馬である。

15年2月5日、21歳で惜しくもこの世を去ってしまったが、彼の血は脈々と受け継がれ、21年には孫世代のマルシュロレーヌが米国ダートGIブリーダーズC・ディスタフを制する快挙を達成。海外に強いステイの血は継承されている。「愛さずにはいられない」ステイゴールドの血は、今後も我々に多くの感動を与えてくれるに違いない。

（金川夢路）

ステイゴールド

生年月日 1994年3月24日

血統 (父)サンデーサイレンス

(母)ゴールデンサッシュ

(母父)ディクタス

調教師 池江泰郎(栗東)

獲得賞金 7億6299万円(中央)

通算成績 50戦7勝[7-12-8-23]

主な勝鞍 香港ヴァーズ(GI)

全成績

年月日	競馬場	レース名	距離	人気	着順	騎手	タイム	馬体重	勝ち馬(2着馬)
1996/12/1	阪神	3歳新馬	芝2000良	3	3	O・ペリエ	02:05.3	432	マキハタスパート
1996/12/21	阪神	3歳新馬	芝2000良	1	16	O・ペリエ	02:11.8	416	オースミサンデー
1997/2/15	京都	4歳未勝利	ダ1800良	1	中	熊沢重文		420	ハリアップスキー
1997/3/22	阪神	4歳未勝利	芝2000稍	2	2	熊沢重文	02:06.9	412	パルスビート
1997/4/19	京都	4歳未勝利	芝2400良	1	2	熊沢重文	02:27.4	412	タマモイナズマ
1997/5/11	東京	4歳未勝利	芝2400良	2	1	熊沢重文	02:28.4	418	(トップラダー)
1997/6/7	中京	すいれん賞(500万下)	芝2500良	1	1	熊沢重文	02:37.4	414	(ピンラシッドピン)
1997/6/29	阪神	やまゆりS(900万下)	芝2000良	5	4	熊沢重文	02:03.7	420	ナムラキントウン
1997/9/6	札幌	阿寒湖特別(900万下)	芝2000良	3	1	熊沢重文	02:02.5	416	(ミナミノフェザント)
1997/10/12	京都	京都新聞杯(GII)	芝2200良	7	4	熊沢重文	02:13.5	412	マチカネフクキタル
1997/11/2	京都	菊花賞(GI)	芝3000良	10	8	熊沢重文	03:08.2	422	マチカネフクキタル
1997/11/30	阪神	ゴールデンホイップT(1600万下)	芝2000良	1	2	武豊	02:01.4	422	ファーストソニア
1998/1/17	京都	万葉S(OP)	芝3000良	2	2	熊沢重文	03:06.3	424	ユーセイトップラン
1998/2/8	京都	松籟S(1600万下)	芝2400良	3	2	熊沢重文	02:28.0	422	アラバンサ
1998/2/21	東京	ダイヤモンドS(GIII)	芝3200稍	3	2	熊沢重文	03:17.8	410	ユーセイトップラン
1998/3/29	中山	日経賞(GII)	芝2500良	5	4	熊沢重文	02:34.9	408	テンジンショウグン
1998/5/3	京都	天皇賞(春)(GI)	芝3200良	10	2	熊沢重文	03:23.9	418	メジロブライト
1998/6/13	東京	目黒記念(GII)	芝2500重	3	3	熊沢重文	02:35.5	418	ゴーイングスズカ
1998/7/12	阪神	宝塚記念(GI)	芝2200良	9	2	熊沢重文	02:12.0	426	サイレンススズカ
1998/10/11	京都	京都大賞典(GII)	芝2400良	2	4	熊沢重文	02:26.2	434	セイウンスカイ
1998/11/1	東京	天皇賞(秋)(GI)	芝2000良	4	2	蛯名正義	01:59.5	426	オフサイドトラップ
1998/11/29	東京	ジャパンC(GI)	芝2400良	6	10	熊沢重文	02:27.3	426	エルコンドルパサー
1998/12/27	中山	有馬記念(GI)	芝2500良	11	3	熊沢重文	02:32.6	424	グラスワンダー
1999/2/14	京都	京都記念(GII)	芝2200良	2	7	熊沢重文	02:16.1	434	エモシオン
1999/3/28	中山	日経賞(GII)	芝2500稍	2	3	熊沢重文	02:36.3	422	セイウンスカイ
1999/5/2	京都	天皇賞(春)(GI)	芝3200良	6	5	熊沢重文	03:16.2	430	スペシャルウィーク
1999/5/29	中京	金鯱賞(GII)	芝2000良	3	3	熊沢重文	01:59.9	426	ミッドナイトベット
1999/6/20	阪神	鳴尾記念(GII)	芝2000良	3	3	熊沢重文	02:02.6	428	スエヒロコマンダー
1999/7/11	阪神	宝塚記念(GI)	芝2200良	7	3	熊沢重文	02:13.7	426	グラスワンダー
1999/10/10	京都	京都大賞典(GII)	芝2400良	7	6	熊沢重文	02:25.0	422	ツルマルツヨシ
1999/10/31	東京	天皇賞(秋)(GI)	芝2000良	12	2	熊沢重文	01:58.1	420	スペシャルウィーク
1999/11/28	東京	ジャパンC(GI)	芝2400良	5	6	熊沢重文	02:26.6	420	スペシャルウィーク
1999/12/26	中山	有馬記念(GI)	芝2500良	8	10	熊沢重文	02:38.2	428	グラスワンダー
2000/1/23	中山	アメリカジョッキーC(GII)	芝2200良	1	2	熊沢重文	02:13.8	428	マチカネキンノホシ
2000/2/20	京都	京都記念(GII)	芝2200良	3	3	熊沢重文	02:14.0	432	テイエムオペラオー
2000/3/26	中山	日経賞(GII)	芝2500良	2	2	熊沢重文	02:35.6	422	レオリュウホウ
2000/4/30	京都	天皇賞(春)(GI)	芝3200良	4	4	熊沢重文	03:18.3	432	テイエムオペラオー
2000/5/20	東京	目黒記念(GII)	芝2500重	1	1	武豊	02:33.2	430	(マチカネキンノホシ)
2000/6/25	阪神	宝塚記念(GI)	芝2200良	5	4	安藤勝己	02:14.1	432	テイエムオペラオー
2000/9/24	中山	産経賞オールカマー(GII)	芝2200重	3	5	後藤浩輝	02:17.0	434	メイショウドトウ
2000/10/29	東京	天皇賞(秋)(GI)	芝2000重	4	7	武豊	02:00.8	430	テイエムオペラオー
2000/11/26	東京	ジャパンC(GI)	芝2400良	13	8	後藤浩輝	02:26.6	430	テイエムオペラオー
2000/12/24	中山	有馬記念(GI)	芝2500良	10	7	後藤浩輝	02:34.8	430	テイエムオペラオー
2001/1/14	京都	日経新春杯(GII)	芝2400良	5	1	藤田伸二	02:25.8	436	(サンエムエックス)
2001/3/24	UAE	ドバイシーマC(GII)	芝2400良		1	武豊	02:28.2	計不	(FANTASTIC LIGHT)
2001/6/24	阪神	宝塚記念(GI)	芝2200良	5	4	後藤浩輝	02:12.1	424	メイショウドトウ
2001/10/7	京都	京都大賞典(GII)	芝2400良	3	失	後藤浩輝	02:24.9	426	テイエムオペラオー
2001/10/28	東京	天皇賞(秋)(GI)	芝2000重	3	7	武豊	02:03.4	428	アグネスデジタル
2001/11/25	東京	ジャパンC(GI)	芝2400良	4	4	武豊	02:24.5	428	ジャングルポケット
2001/12/16	香港	香港ヴァーズ(GI)	芝2400良	1	1	武豊	02:27.8	430	(EKRAAR)

一族の名馬

星旗

ゴールドシップへと連なる古の血脈は底力に溢れたキラキラ輝く名牝系を確立

古くから日本競馬界で繁栄してきた牝系を紐解いていくと、1931年と32年に輸入された6頭の繁殖牝馬にたどり着く。星条旗を掲げる自由の国アメリカから来た牝馬たちはいずれも輸入時に改名。星友、星若といったように「星」を冠され、繁殖牝馬として数々の名馬を送り出した。その子孫たちもまた、名種牡馬・名繁殖牝馬として日本競馬界に深く根付き、90年以上の時を経た現代でもその名を血統表の奥の奥で見つけることができる。

そんなピカピカに輝く6頭の繁殖牝馬たちに、星旗と名付けられた牝馬がいた。

星旗の母としての素質は絶大で、その娘であるクレオパトラトマスはデビューから2週間後には天皇賞の前身である帝室御賞典を制覇、息子であるクモハタはダービーを制覇するなど、破格の結果を残した。しかし星旗の偉大さはそこでは終わらない。長女クレオパトラトマスは引退後に月城と改名し、繁殖牝馬として桜花賞馬ハマカゼや中山大障碍（秋）の勝ち馬モモタロウなどを輩出。孫世代からはダービー馬ハクチカラや天皇賞馬タカクラヤマなど数え切れないほどの活躍馬が出ている。半弟のクモハタも、種牡馬として6年連続のリーディングを獲得。天皇賞馬カツフジや菊花賞馬ニューフォード、オークス馬キヨフジなどの名馬を次々と送り出し、56年にはメイヂヒカリが年度代表馬に輝いた。

クモハタはその圧倒的な種牡馬としての功績から顕彰馬にも選出。母父としても62年の年度代表馬オンスロートをはじめダービー馬ダイシンボルガード、皐月賞馬マーチスなどファンの多い名馬を送り込んだ。鳴尾記念などを制し、牝馬ながらダービーで3着に食い込んだクインナルビーも母父クモハタの活躍馬だが、その子孫であるオグリキャップやキョウエイマーチらが活躍。キョウエイマーチの孫マルシュロレーヌは米国のブリーダーズカップ・ディスタフにて、星旗の血が幾世代も経て故郷で勝利をあげるという偉業を達成した。

クレオパトラトマスとして活躍した月城と同様に、娘の桜花賞馬ハマカゼは引退後に梅城と改名。その娘の風玲はゴールドシップの五代血統表にもその名を残している。ゴールドシップの血統表を見て「漢字の馬がいるな?」と見慣れぬ字面に興味を覚えたファンもいるかもしれないが、その馬こそ、由緒正しき日本競馬界に根付く名牝系の1頭なのである。ちなみにゴールドシップが連覇を果たした14年宝塚記念で5番人気8着だったホッコーブレーヴもまた、五代血統表に風玲の名を残す同牝系の1頭。あの日の宝塚記念は、そうした血統のロマンを携えた一戦でもあった。

(緒方きしん)

父 Gnome
母 Tuscan Maiden
母の父 Maiden Erlegh

主な産駒 月城(競走名クレオパトラマス 28戦16勝)
クモハタ(東京優駿など 21戦9勝)

第三部　ゴールドシップを語る

今浪さんが聞いたバズーカのような心音とは？
当時をよく知る関係者や競馬研究家たちが
想像を超えたパフォーマンスの秘密を探る

馬体

血統

気性・体質

脚質・走法

種牡馬生活

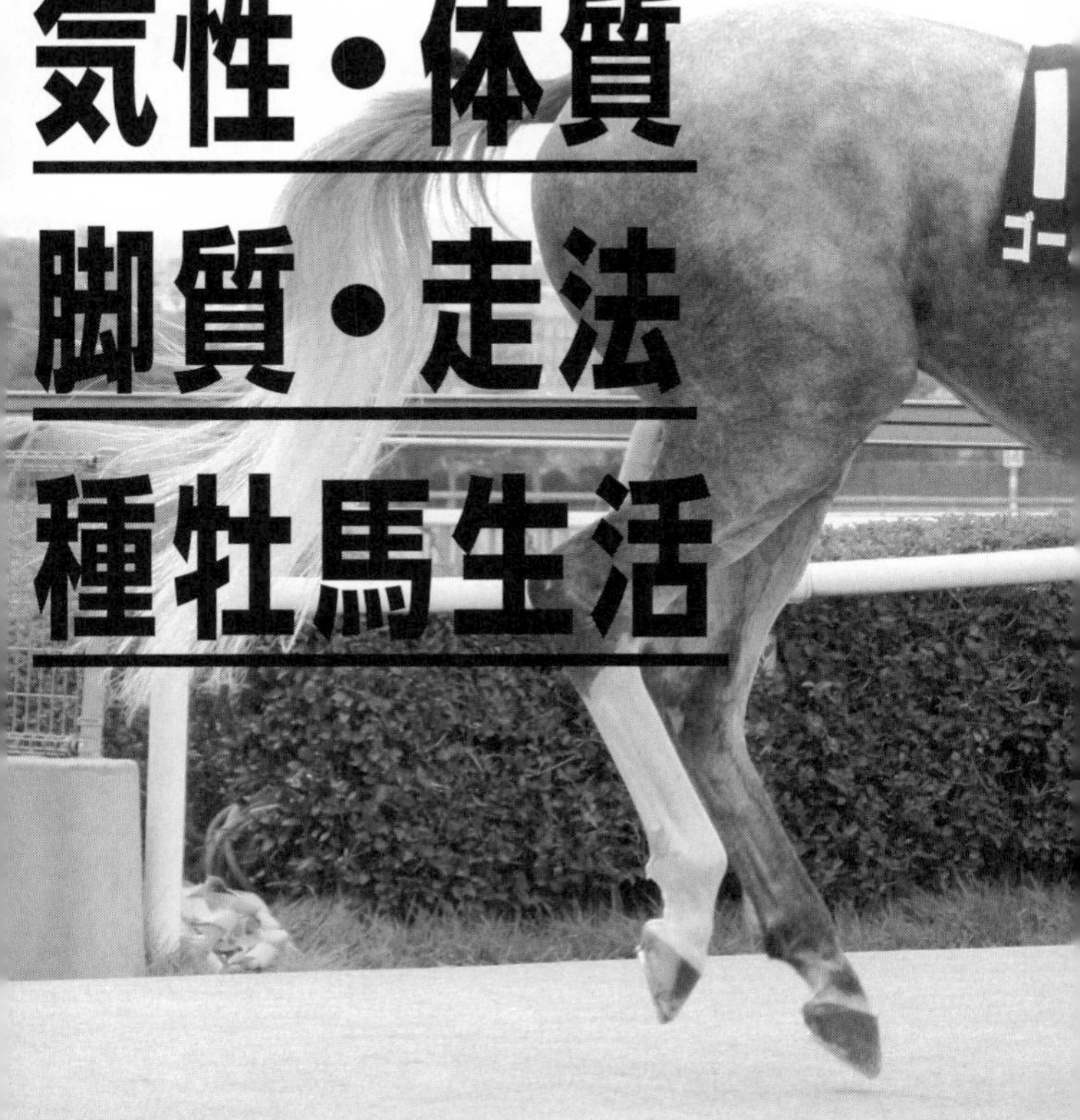

3歳秋初戦の神戸新聞杯。2着以下を突き離し菊花賞へ名乗りを挙げた。

馬体

メジロマックイーンを強く感じさせる馬体
随所に感じられる芦毛以外の共通点

「ROUNDERS」編集長　治郎丸敬之

ゴールドシップの馬体を見ると、まず目に付くのは馬格の雄大さと筋肉量の豊富さである。芦毛だからよりふっくらと映るのだが、それにしても柔らかい筋肉が全身を覆っている。鼻づらがピンク色に染まっているのは、おそらく皮膚も薄くて柔らかいのだろう。馬体全体のフレームが大きく、筋肉量が多いため、当然のことながら馬体重も重い。しかし、長い距離を走る上では、馬体重の重さは時としてマイナス材料になりうる。体重が重いとその分、エネルギーの消費量も多く、スタミナ切れを起こしてしまうからだ。だからこそ、真のステイヤーに大型馬は少ない。ところが、ゴールドシップはデビュー時から502キロの馬体を有し、現役終盤に天皇賞（春）を制したときは510キロもあった。大きな体を揺らしながら、3200mを駆け抜けたのである。

ゴールドシップの馬体の秘密は、母父メジロマックイーンにある。ゴールドシップの馬体とはメジロマックイーンのそれなのである。ゴールドシップの馬体にはメジロマックイーンの影響が強く出ているということだ。芦毛だからということではない。2頭を並べて見てみれば分かる。メジロマックイーンの馬格の大きさと頑強さ、そしてふっくらとした柔らかい筋肉の豊富さを、ゴールドシップはそのまま受け継いでいるのである。あえて違いを見つけるとすれば、ゴールドシップの方がやや首が太くて、頭が大きいぐらい。

振り返ってみると、メジロマックイーンは当時のステイヤーとしては馬格の大きい馬であった。宿敵ライスシャワーは440キロ前後の馬体であり、同門の逃げ馬メジロパーマーも460キロ前後、ステイヤーとして名を馳せたミスターアダムスは470キロ前後という中、メジロマックイーンは492キロの馬体重でデビューし、3年後に産経大阪杯をブッチ切ったときは500キロを超えていた。長距離戦では大きすぎる馬体がマイナスになることもあるが、メジロマックイーンは一度もそのような素振りを一切見せることなく、無尽蔵のスタミナを誇示し続けたまま引退した。

メジロマックイーンの血は父系としては途絶えようとしているが、母系に入ってその影響力を示し続けるだろう。なぜかというと、メジロマックイーンの血は馬体をボリュームアップすることができるからである。たとえば、ゴールドシップの祖母パストラリズムは2勝馬でありながらも、牝馬としてもやや小さい450キロ台の馬体であった。メジロマックイーンを配合したことで、母ポイントフラッグは500キロを遥かに超える馬体で、チューリップ賞を2着したのち牝馬クラシック戦線に駒を進めた素質馬となった。メジロマックイーンによって一気に50キロ以上もボリュームアップしたのである。

あのオルフェーヴルにも同じことが当てはまる。祖母エレクトロアートは400キロそこそこの小さな牝馬であったが、メジロマックイーンのおかげで母オリエンタルアートはある程度の馬体の大きさになり、産駒が小さく出てしまいがちなステイゴールドを配合してもなんとか牡馬としてはギリギリのサイズ感のオルフェーヴルが生まれた。メジロマックイーンがいたから、日本競馬史上最強の1頭であるオルフェーヴルが誕生したと言っても過言ではない。ステイゴールド×母父メジロマックイーンが黄金配合と言われるのは、ステイゴールドの小ささをメジロマックイーンが母系から補ったというのが本質である。馬体と血統はつながっているのだ。

繰り返しになるが、ゴールドシップの雄大な馬格や尽きることのないスタミナ、道悪を苦にしないパワー、もちろん毛色も、全ては母を経由してメジロマックイーンから受け継いだものである。ただし、気性の激しさと難しさはステイゴールドからそのまま伝わったようだ。体はメジロマックイーン、心はステイゴールドというのがゴールドシップの正体である。

ということが分かれば、ゴールドシップの謎は次々と解き明かされていくだろう。ダートは苦手だったのか？　については、メジロマックイーンはダートで2勝を挙げており、ゴールドシップも同様に全く苦にしなかったはず。むしろダートの鬼だった可能性すらある。ただ気性がステイゴールド譲りであれば砂を被るのを嫌がったはずで、肉体的には走れるけど精神的には走らなかったかもしれない。同じ血統構成のオルフェーヴル産駒たちがダートで活躍しているように、ゴールドシップ産駒からもゆくゆくはダートの大物が誕生するのではないかと私は期待している。また、短距離戦を走ったらどうだったのか？　については、武豊騎手が「メジロマックイーンは短距離でも通用するスピードがあった」と語っていたので、マイル戦ぐらいであれば通用しただろう。ただし出遅れや立ち遅れがなければの話だ。

最後に、ゴールドシップの種牡馬としての未来を考えてみたい。ゴールドシップは1頭当たりの獲得賞金額が牡馬と牝馬で逆転している珍しい種牡馬である（牡馬834万円、牝馬1193万円）。牡馬よりも牝馬の方が走るということだ。私の知る限りにおいては、獲得賞金額が牡馬と牝馬で逆転しているのは、現役種牡馬ではゴールドシップとミッキーアイルのみ。なぜ牝馬の方が走るかというと、馬体が大きく出るから。メジロマックイーンの血が馬体をふくらませるため、牡馬は重くなりすぎるのに対し、小さく出がちな牝馬はちょうど良いサイズになるというカラクリである。そして、牝馬が走るフィリーサイアーの産駒は繁殖牝馬になって良い仔を出すのは定石である。ゴールドシップもメジロマックイーン同様に、牝系を通して日本競馬の未来に大きな影響を与えつづけることになるだろう。

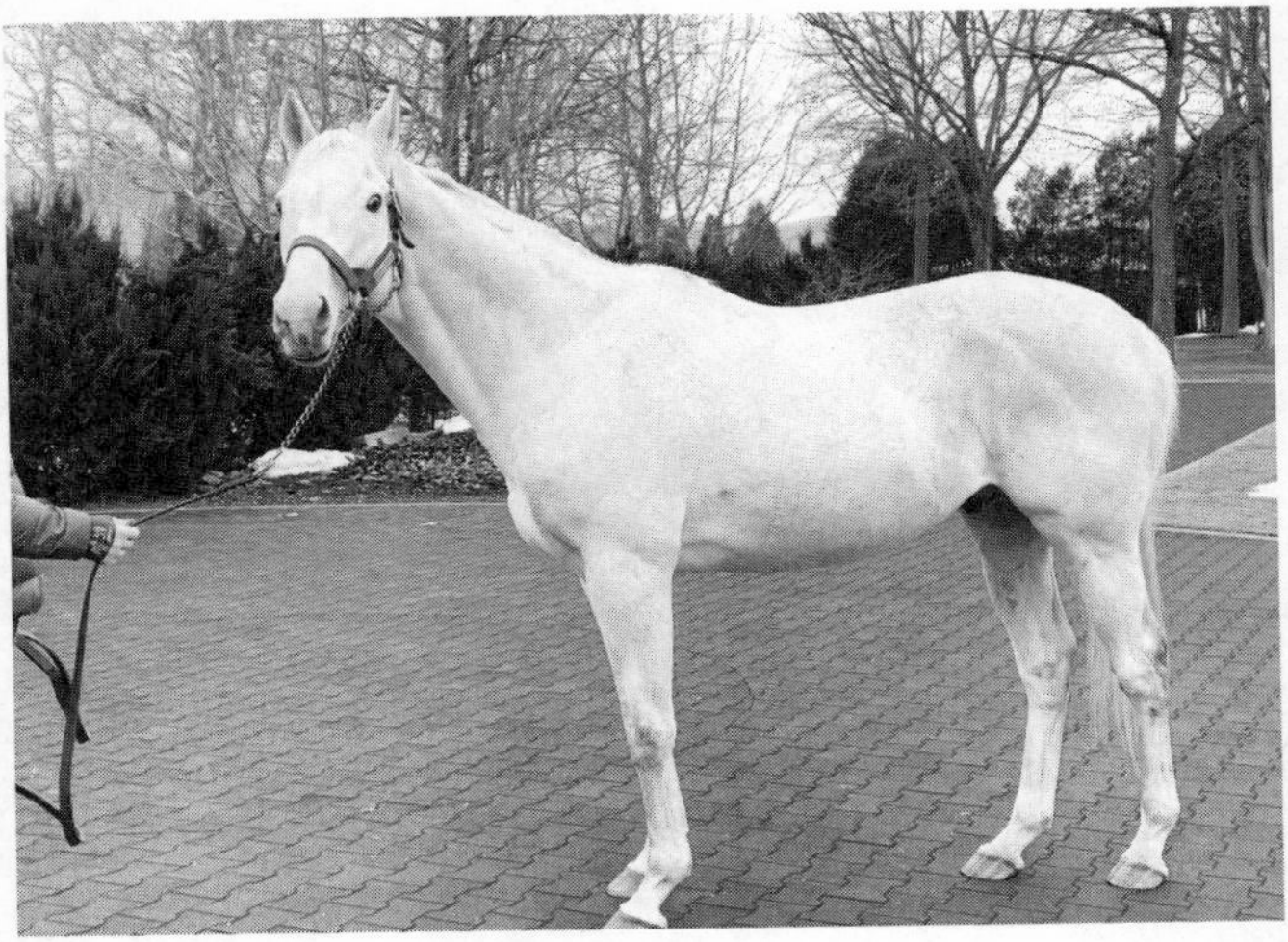

ゴールドシップ

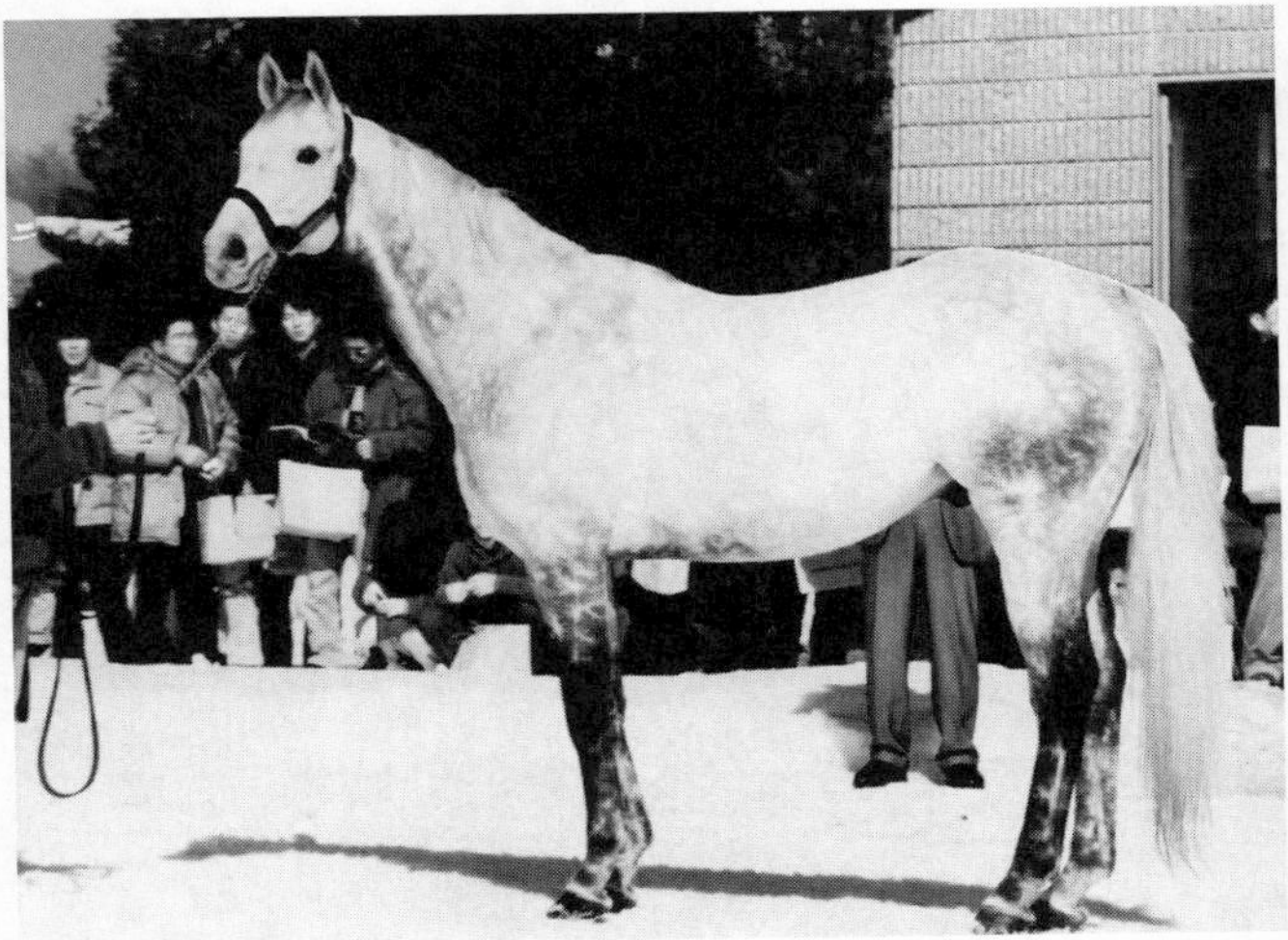

メジロマックイーン

血統

重厚なストライドを生み出した柔らかさを伝えるプリンスリーギフトの血

血統評論家　望田潤

サンデーサイレンスは北米でケンタッキーダービーやブリーダーズカップ・クラシックなどを制した通算14戦9勝の名馬で、日本に輸入された種牡馬としては画期的な大成功をおさめ、日本のサラブレッドの血統地図を瞬く間に塗り替えてしまいました。

ディープインパクト、ハーツクライ、ダイワメジャー、フジキセキ、ゴールドアリュールといった後継種牡馬たちも成功し、今日まで一大父系を築き枝葉を伸ばしつづけています。

たとえば現3歳のJRA出走馬は4000頭以上いますが、うちサンデーサイレンスの血を引く馬は3000頭以上、つまり4頭に3頭はサンデーサイレンスの血を引いているという状況になっているのです。

ステイゴールドはそのサンデーサイレンスの3世代目の産駒で、現役時代は香港ヴァーズ、ドバイシーマクラシック、目黒記念など通算50戦7勝。GⅠ勝利は香港ヴァーズのみで、並みいるサンデーサイレンス産駒のなかでは最上位の競走馬ではありませんでした。ただし母ゴールデンサッシュは名馬サッカーボーイの全妹にあたり、その父ディクタスは気難しいもののスタミナと底力に富む血として知られ、母系の秘めるポテンシャルは高かったのです。

種牡馬入りしたステイゴールドは、名馬オルフェーヴル（有馬記念、宝塚記念、クラシック三冠、凱旋門賞2着2回など）を筆頭に、オルフェーヴルの全兄ドリームジャーニー（有馬記念、宝塚記念など）、ナカヤマフェスタ（宝塚記念、凱旋門賞2着）、フェノーメノ（天皇賞・春連覇）、インディチャンプ（安田記念、マイルCS）、ウインブライト（香港カップなど）といった大物を次々と輩出。サンデーサイレンス系種牡馬屈指の長距離砲として、リーディングサイアーランキングの上位を賑わせつづけました。

そのステイゴールドの代表産駒の1頭がゴールドシップで、現役時代は有馬記念、宝塚記念、天皇賞（春）などJRAのGIレースを計6勝。その大活躍ぶりは未だに忘れられず色褪せません。

ゴールドシップとドリームジャーニー＝オルフェーヴル兄弟には、母父がメジロマックイーンという血統的な共通点があります。メジロマックイーンは天皇賞連覇など長距離の大レースを総なめにした名馬でしたが、このメジロマックイーンとステイゴールドが血統表中で出会うと、両者のスタミナや底力の血が活き、3頭の名馬を送り出した黄金配合として広く認知されることとなります。

ステイゴールド×メジロマックイーンの黄金配合で生み出されたオルフェーヴルとゴールドシップですが、ピッチ走法でグイグイ加速するオルフェーヴル、重厚なストライドでねじ伏せるゴールドシップと、走りっぷりはなかなか対照的。豊富なスタミナと底力は共通するのですが、走法的にはかなり異なる2頭といえるでしょう。

この点を血統面から考察すると、ゴールドシップが持つプリンスリーギフト5×5のクロスに注目できます。プリンスリーギフトはナスルーラ系でも屈指の柔らかさを伝える血で、この特性を受け継いだゴールドシップは、全身を使ってストライドを伸ばして走ることができたのです。ちなみにオルフェーヴルはプリンスリーギフトのクロスはもっていません。

名ステイヤーとしてならしたメジロマックイーンですが、種牡馬としてはフィリーサイアー（息子より娘がよく走る種牡馬）の傾向が強く、JRA重賞を勝った産駒5頭のうち、ディアジーナ（フローラSなど）、ヤマニンメルベイユ（中山牝馬Sなど）、エイダイクイン（クイーンC）、タイムフェアレディ（フラワーC）と実に4頭が牝馬でした。

そしてこういうフィリーサイアーを母父にもつ種牡馬は、やはりフィリーサイアーになりやすい傾向があります。ゴールドシップは種牡馬としてこれまで4頭のJRA重賞勝ち馬を輩出していますが、うちユーバーレーベン（オークス）、ウインキートス（目黒記念）、ウインマイティー（マーメイドS）と、3頭が牝馬なのは偶然ではないでしょう。現在のリーディング上位の種牡馬で、牡駒より牝駒のほうが獲得賞金の平均が高いのはゴールドシップとミッキーアイルだけです。

オルフェーヴルの産駒も、ブリーダーズC・ディスタフ制覇という快挙を成し遂げたマルシュロレーヌをはじめ、大阪杯やエリザベス女王杯などGIを4勝したラッキーライラック、牡馬相手にかしわ記念を勝ったショウナンナデシコと、牝馬が非常によく走ります。

ゴールドシップ産駒のJRA平地1走当たりの平均獲得賞金は132万円で、これを性別でみると牡109万円／牝159万円。オルフェーヴル産駒の平均獲得賞金は牡197万円／牝173万円。ステイゴールドが牡馬の大物ばかりを出したのとは対照的で（平均獲得賞金は牡248万円／牝124万円）、ともにメジロマックイーンのフィリーサイアー資質を受け継いだと考えられるのです。

サンデーサイレンス系ではスペシャルウィークがフィリーサイアーとして有名で、年度代表馬ブエナビスタやオークス馬シーザリオといった女傑を輩出し、シーザリオはエピファネイア、サートゥルナーリア、リオンディーズを産み母としても大成功しました。

このように優れたフィリーサイアーが優れた母父となるケースは枚挙にいとまがありません。ゴールドシップやオルフェーヴルの娘たちが牧場に帰り、その産駒たちがターフを駆ける時代がもう到来しています。ゴールドシップの孫たちの活躍にも大いに期待したいですね。

ゴールドシップ5代血統表

ステイゴールド 1994 黒鹿毛	サンデーサイレンス Sunday Silence(米) 1986 青鹿毛	Halo 1969 黒鹿毛	Hail to Reason 1958 黒鹿毛	Turn-to
				Nothirdchance
			Cosmah 1953 鹿毛	Cosmic Bomb
				Almahmoud
		Wishing Well 1975 鹿毛	Understanding 1963 栗毛	Promised Land
				Pretty Ways
			Mountain Flower 1964 鹿毛	Montparnasse
				Edelweiss
	ゴールデンサッシュ 1988 栗毛	ディクタス Dictus(仏) 1967 栗毛	Sanctus 1960 黒鹿毛	Fine Top
				Sanelta
			Doronic 1960 栗毛	Worden
				Dulzetta
		ダイナサッシュ 1979 鹿毛	ノーザンテースト 1971 栗毛	Northern Dancer
				Lady Victoria
			ロイヤルサッシュ 1966 鹿毛	Princely Gift
				Sash of Honour
ポイントフラッグ 1998 芦毛	メジロマックイーン 1987 芦毛	メジロティターン 1978 芦毛	メジロアサマ 1966 芦毛	パーソロン
				スヰート
			シエリル 1971 鹿毛	スノッブ
				Chanel
		メジロオーロラ 1978 栗毛	リマンド 1965 栗毛	Alcide
				Admonish
			メジロアイリス 1964 黒鹿毛	ヒンドスタン
				アサマユリ
	パストラリズム 1987 黒鹿毛	プルラリズム Pluralisme(米) 1980 鹿毛	The Minstrel 1974 栗毛	Northern Dancer
				Fleur
			Cambretta 1975 黒鹿毛	Roberto
				Cambrienne
		トクノエイティー 1978 黒鹿毛	トライバルチーフ 1967 黒鹿毛	Princely Gift
				Mwanza
			アイアンルビー 1972 青毛	ラークスパー
				風玲

気性・体質

賢く偏屈なタイプのゴールドシップ
忘れられない、爆発するような心音

JRA厩務員　今浪隆利

ゴールドシップとの出会いは、検疫の厩舎でした。当初から「あ、すごい良い馬だな」という感触がありました。身体つきからしてバランスの良さが目立っていて、僕が今まで担当した馬では一番良いかもしれないと思っていました。有名になってからのイメージとは違い、あの頃はおとなしいタイプでした。たまにやんちゃはするけど、それほど酷いものではなかったですし「オープンまでは十分行けるだろうなぁ」と期待していました。デビューが近づいて調教する度に成長していくので、内心、舌を巻いていました。

新馬戦、コスモス賞の連勝はそれなりに想定通りでしたが、重賞の壁を越えられるかどうかはまた話が変わってくるので、少し身構えていました。ただ、二度目の重賞挑戦となったラジオNIKKEI杯の走りを見て「この馬はすぐに重賞を勝てそうだな」と確信しました。

レースごと、調教ごとに目覚ましい成長を遂げていく一方で、少しずつこの馬に怖さを感じるようになっていったのも事実です。新馬の頃は僕が乗り運動をさせられていましたが、

3歳になる頃にはゴールドシップ自身から発される威圧感とオーラの凄まじさに圧倒されるようになり、自分で「もう、この馬には乗らない方が良いかな」と判断しました。同時に気性面のこだわりも強くなっていき、自分で嫌だと思ったら歩いていかずにバックするなど自己主張に振り回されることも多くなりました。

ただ、そうしたこだわりの強さは、ゴールドシップの賢さの裏返しでもあります。日常生活でも、ゴールドシップが他の馬と比べて相当に賢いと感じるシーンは多々ありました。例えば食事一つでもそうです。ゴールドシップはデビュー前から引退するまで、必ず同じ食事の摂り方をしていました。それは、与える食事の量を増やしても減らしても、必ず一口分だけ残すというもの。食欲は旺盛なタイプなのに、絶対に完食せずにほんの少し残す…。理由はわかりませんが、そうしたこだわりが長期間にわたって続くことも含めて、本当に頭が良い馬なんだなぁと感じさせられました。

一緒にいて相性の良さを感じたのは、ジャスタウェイです。若い頃に一度だけジャスタウェイが後ろに来たせいで立ち上がって吠えたことがあるのですが、それ以降は気に入ったようで、並ばせると落ち着いておとなしく歩いてくれました。凱旋門賞への挑戦で渡仏した際も一緒だったことで落ち着いて移動できましたし、困るほどのやんちゃもせずにいてくれました。いわば盟友でしたね。

ただ、いつでもジャスタウェイがそばにいてくれるわけではありません。共同通信杯を勝利したあたりからは馬が成長してパワーが凄いことになっていたので、二人掛かりでも手に負えなくなっていました。そして周りの馬を気にして、気に入らない馬が近づくと襲うようになったため、ゴールドシップの現役中は調教で「すみません！　この馬に近づかないでください！」と大声で謝ってばかりでした。ただ、一緒にゴールドシップを担当していた北村浩平調教助手は「とにかくこの馬が強くなるっていうのはわかっているんだから、放馬をさせずに、しっかりとコントロールしていこう」と意気込んでいましたし、私たちのモチベーションは高かったです。乗り役を振り落として暴走するようなことがあると怪我をしてしまうので、そうしたトラブルを起こさないことが私たちの第一目標でした。だからずっとつきっきりで、手綱を放さないように必死でしたね。

強さを感じたのは、菊花賞。調教段階から、皐月賞よりもパワーがついていると感じていましたし、雰囲気も良かったです。それでも長距離戦であのタイミングで仕掛けられてああいう競馬をするとは、想像を超えるパフォーマンスでした。そのスタミナを支えていたのは心臓の強さでしょう。以前、獣医師の方とゴールドシップの心音を聞いたことがあります。他の馬は想像通りの心音なのですが、ゴールドシップだけはドーンドーンというバズーカのような音を響かせていました。獣医師の方も「他の獣医に聞かせてやりたい」と仰っていたほどです。また、身体の柔らかさも抜群でした。立ち上がったり暴れたりしても、バネと柔軟性があるおかげで怪我をしないでいられたのでしょう。腰回りやトモの丸みが、現役後半になってもずっと良い状態を維持していたのも印象に残っています。

気性面が荒いタイプというよりは賢く偏屈なタイプだったので、競馬を終えて戻ってきた時には大人しく寄ってきて甘えてきたりと、可愛い一面も持っている馬でした。現役を引退する時は非常に寂しかったですが、「このままゴールドシップの現役がずっと続くと僕の身体はどうなってしまうんだろう…」という考えも浮かんでいましたし、ゴールドシップの産駒を早く見てみたいという夢を持ち始めていたので、前向きに送り出すことができました。

ゴールドシップが引退して種牡馬となってからも、僕が牧場に会いに行くと、毎回必ず嬉しそうに近づいてきてくれます。牧場でのんびり過ごしているからか、現役の頃よりも落ち着いて少しおとなしくなっている気がします。引退した馬というのは世話をしていた人間を多少は覚えていても時が経つと忘れてしまうものですが、ゴールドシップはずっと覚えてくれているので、改めて賢さを痛感するとともに、愛おしさを覚えずにはいられないです。僕自身は厩務員として23年の9月に引退を迎えますが、引退してからはゴールドシップ産駒や今担当している馬の子らが良い成績を残してくれることを楽しみにしていこうと思います。

（構成・緒方きしん）

脚質・走法

追い込み&マクリのイメージも8割以上だった「先行時の勝率」

競馬ライター　福嶌弘

歴史に名を残す名馬と言えば、それぞれ得意な戦法を持っているのが常である。

例えばサイレンススズカ。彼は天賦の才とも言うべきスピードでスタートからハナを切って気が付けば後続に何馬身もの差をつける大逃げで観客を沸かせ、ディープインパクトは武豊に「飛ぶように走る」と称された軽快な走りで前を行く馬たちを次々に差し切って文字通り、ファンに衝撃を与え続けたが…そう考えると、ゴールドシップはどうだろうか。

一般的に競馬の脚質は「逃げ」「先行」「差し」「追い込み」の4種類に分けられる（囲み参照）。逃げや先行はペースが遅く、また直線の距離が短いほど有利にはたらき、差しと追い込みはペースが速く、直線の距離が長いほど有利にはたらく。

改めてゴールドシップの全28戦をみると、ハナを切ったレースは皆無。先行したのはコスモス賞、共同通信杯、宝塚記念（4、5歳時）、京都大賞典、阪神大賞典（5歳時）のみ。これを見るとゴールドシップは典型的な差し、追い込み馬だったと言えそうだが…彼のレースを振り返ると一概にそうとも言えなさそうだ。

というのも、ゴールドシップが先行した時の成績は［5・0・0・1］＝勝率はなんと8割超えで差し・追い込みに回った時の勝率0・366を大幅に上回っている。しかもこの中には宝塚記念の連覇が含まれる。ゴールドシップは実は先行した時にこそ本来の力を発揮できた馬なのかもしれない。

デビュー直後のゴールドシップのレースを振り返ると当時の鞍上、秋山真一郎騎手は先行抜け出しを覚えさせようとしていた感じがする。デビュー戦こそスタートから出脚が付かずに中団からのレースとなったが1000mを通過したあたりからグイグイ押し上げていき、2戦目のコスモス賞ではレースにも慣れたのか、スムーズにスタートすると4番手に付けて流れに乗って早めに抜け出し勝利した。派手さはなくとももっとも勝ちやすい戦法と言われる先行抜け出しを覚え始めて、ゴールドシップはデビューから2連勝を飾った。

続く札幌2歳S。ゴールドシップはスタートでアオって後方からのレースを余儀なくされると、4角を過ぎても10番手までしか押し上げられず、先行したグランデッツァを捉えられずに2着。続くラジオNIKKEI杯も出遅れてしまいアダムスピークの後塵を拝した。

キャリアを通じて悩まされた出遅れ癖が見え隠れし始めたこの頃、ゴールドシップは鞍上に内田博幸騎手を迎えた。その緒戦となった共同通信杯ではスタートから積極的に前に付け

逃げ…先頭を切る馬	**差し**…中団より後方
先行…中団より前	**追い込み**…最後方

ていって、のちのダービー馬ディープブリランテを直線で摑まえて重賞初制覇。ゲート難が解消しつつあり、続く皐月賞でもこうしたソツのないレース運びが期待されたが…図らずして、その皐月賞がゴールドシップの今後を大きく決めるターニングポイントとなった。

ゲートの出自体は悪くはなかったものの、行き脚が付かなかったゴールドシップはここまで覚えかけていた先行策を放棄して、道中は最後方を追走。3コーナーを過ぎるころからようやく追い出し始めて、各馬が馬場の荒れた内を避けて外へと進路を取る中でゴールドシップは敢然と内を突いて最後方から6番手まで〝ワープ〟。直線で早々と抜け出して見事に一冠目をもぎ取った。ソツがなく、確実性に優れたいわゆる王道のレース運びである先行策をかなぐり捨てて、マクリ戦法にゴールドシップは自身のキャラクターを見出していった。

皐月賞以降のレースはというと、ゴールドシップのキャラが全開になったものばかり。勝負どころから仕掛けて秋初戦の神戸新聞杯を勝ち切ると、続く菊花賞でもスタート直後は出脚が付かなかったものの、大跳びなストライドにモノを言わせて3角からひとマクリして押し切り二冠達成。年末のグランプリ、有馬記念では出遅れながらも残り800m過ぎ辺りから打ったロングスパートで初対戦となる古馬たちを力で捻じ伏せて勝利した。

近代競馬150周年のメモリアルイヤーだった2012年に競馬のセオリーをぶち壊すかのようにマクリ戦法で日本競馬界を席巻したゴールドシップ。明け4歳になってもそんなレース運びで天下を取るかと思われたが、単勝1・3倍という断トツ人気で迎えた天皇賞（春）でフェノーメノに手も足も出ずに完敗。高速決着に対応できない脆さを露呈する形になった。

やはりマクリだけではダメだと陣営も悟ったのだろうか。続く宝塚記念はスタートの出が悪かったにもかかわらず、内田博幸がグイグイと手綱を押して1年4ヶ月ぶりに先行策を取ると、3角過ぎから再び気合を付けるかのように追い出され、ライバルたちを力で捻じ伏せて復活の勝利を飾った。王道のレース運びでも勝てるんだといわんばかりに。

だが、その後のゴールドシップはスタートで出脚が付かなかったためマクリを敢行して大敗する→スタートで気合を入れて先行策を取って押し切る→前走の好走で気が抜けたのか、またスタートで出脚が付かずに後方からのレースを余儀なくされる…という具合で破天荒なマクリ戦法と王道の先行抜け出し策を数戦おきに見せるようになった。当然戦績も安定せず、4歳以降にゴールドシップが連勝したのは6歳春の阪神大賞典→天皇賞（春）のみ。しかもその後3戦は掲示板にすら入れず、現役を退いている。

結局のところゴールドシップの得意な戦法とは何だったのか、イマイチよくわからなかったりする。ただ、実力がズバ抜けた馬でないとできないとされるマクリで豪快に勝ったかと思えば、大敗から巻き返そうとソツのない先行策を打ってあっさり抜け出して名誉挽回するゴールドシップの姿を思い出すと、何もかもが破天荒だったこの馬らしいと思う。**（福嶌弘）**

引退後のゴールドシップが送る穏やかな時間
種牡馬としても活躍馬を送り出す充実の日々

（有）ビッグレッドファーム北海道事務所　井澤瑞貴

ゴールドシップはビッグレッドファームで多くの時間を放牧地で過ごしております。自由に動き回って好きな時に青草を食べられる環境で生活しておりますので、穏やかな表情が見られます。そのため、現役時代のイメージを持たれている方が弊社にご来場された際、現在のゴールドシップの様子を見て驚かれることがあります。ご来場された方の中にはゴールドシップをきっかけにビッグレッドファームを知ったという方もおり、弊社の生産馬やゴールドシップ産駒を応援してくださる方も増えました。大変有難く思っております。

ゴールドシップがビッグレッドファームに来た当初、私は在職しておりませんでしたが、父のステイゴールドを繋養していたこともあって「素晴らしい馬が来るので楽しみ」と、非常に期待が大きかったと聞いています。もちろん気性について心配が全く無かったわけではありませんが、期待が上回っていたそうです。その気性面についてもゴールドシップが到着後、早くから良い関係性を築くことが出来たため大きな苦労はなかったと聞いております。

種牡馬としてビッグレッドファームに入厩したゴールドシップですが、種付けについては初年度から上手でしたし、今も変わらず種付けが上手な馬として、スタッフからの厚い信頼を得ています。種牡馬の中には種付けに前向きではないタイプもいるのですが、ゴールドシップは繁殖牝馬を選り好みせず、シーズンの後半になって他の種牡馬が疲れを見せる事がある中でも、大きな疲れを見せずスムーズに種付けをこなしてくれる頼もしい存在です。種付け自体も時間をかけずにすぐ終わらせますし、繁殖牝馬が嫌がる素振りを見せても動じることなく向かって行くところには精神的なタフさを感じます。繁殖シーズンは牧場にとって多忙な時期ですので、スタッフも助かっています。

精神的なタフさは、種付けだけではなく展示会などで大勢のお客様がいらっしゃる中での対応でも感じます。多くの方の目に触れる場面では神経質になる馬も一定数おりますが、ゴールドシップは動じることなく、堂々とした態度で応対してくれています。あくまで個人的な感想ですが、現役時代のゴールドシップが苦しい場面でも長く良い脚を使えていたのは、このような精神的なタフさも関係しているのではないかと思うことがあります。現役時代には、立ち上がるゴールドシップの写真なども報道されていたかと思いますが、弊社に入厩後は立ち上がる様な場面はあまり見かけませんし穏やかな表情を見せてくれています。

穏やかな姿を見せてくれるのは、現役時代のプレッシャーから解放されたことも無関係ではなく、そういう意味ではゴールドシップが持っていた本来の性格が出てきたように感じます。放牧地ではウインブライトと隣同士の放牧地になった際は楽しそうに一緒に走っているのを見かけます。父親が同じという事もあって相性は良いように見えます。

今年で14歳になりましたゴールドシップですが、毛艶や身体の雰囲気は馬齢より若々しく感じます。もちろん種牡馬らしくふっくらとしておりますが、張りや艶が抜群で、身体が柔らかく体幹も強いので種付け中にバランスを崩すこともありませんし、表情もどことなく同世代の種牡馬たちと比べて若々しさがある気がします。食欲も旺盛なタイプですが、ゴールドシップの干草の食べ方は特徴的です。ビッグレッドファームでは基本的に、放牧地で各々が牧草を食べているのですが、放牧を終えて厩舎の中で干草を食べる時は必ず干草を水桶につけてふやかしてから食べています。なぜこういった行為を行なっているのか日頃から様子を見ている私たちにも分かりませんが、きっとゴールドシップ自身の強いこだわりがあるのでしょう。弊社に入厩した当初から変わらず好奇心旺盛ですし、普段から運動量も豊富で食欲も旺盛ですのでこれからも元気に過ごしてくれると思います。

ゴールドシップはやりたいこととやりたくないことが明確にあるタイプです。例えば、「今は放牧地にいたい」と態度で示していたら、それを出来るだけ尊重するようにしています。コミュニケーションが重要なタイプと言えますので馬と喧嘩せず良い関係を保って行きたいですね。普段からゴールドシップを見ていても非常に頭が良いと感じる事が多く、少なくとも私がこれまで接してきた馬の中では一番賢いと思います。人のこともよく観察していますし、何を求められているのか理解をしている節があります。例えば立ち写真を撮る際、カメラを見ただけで何をするべきかを察知してポーズをとってくれますね。立ち写真のための姿勢というのは馬にとっては自然なものではないのですが、ゴールドシップは動かずに撮影が終わるまでポーズをキープしてくれます。若い頃から注目を浴びてきた馬ですので、メディア慣れはしていますし、ゴールドシップが関係者の前に姿を現す際には一種のオーラを放っていると感じることがあります。堂々としていることもあり馬の迫力に圧倒されるような感覚を覚えることとすらあります。

ゴールドシップは種牡馬として2年目の世代からユーバーレーベンという、ビッグレッドファームにとってかけがえのない宝物を送り出してくれました。産駒の傾向として早いうちから重賞クラスで好走する馬も多く、クラシックを意識できる産駒が多い印象です。中長距離での活躍も目立ちますし、成長力にも秀でていますから、息の長い活躍をしてくれる産駒が多いと感じています。これからも多くの活躍馬を送り出してくれることを期待していますし、当スタリオンとしてもゴールドシップが活躍できる産駒を送り出せるよう引き続きサポートして参ります。

（構成・緒方きしん）

第四部 ゴールドシップの記憶

なぜ東京コースではあれほど凡走したのか？
ほかにも年度代表馬になれなかった理由など、
強烈な印象を残したエピソードを考察する

直線の短い中山コースで二度目の「最後方からの優勝」。
2012年有馬記念。

記憶1

ゴールドシップの子どもたち

父の強さを伝える駿馬がズラリ 天へと贈るオークスでの大金星も！

ターフに旋風を巻き起こし、たくさんの伝説を残しながら現役を引退したゴールドシップ。2016年からは北海道のビッグレッドファームで種牡馬として新たな生活をスタートさせ、現在はその産駒が我々に新たな楽しみを与えてくれている。

毎年コンスタントに100頭ほどの種付けをこなし、産駒のデビュー後はサイアーランキングで20位前後をキープ。スタミナや持久力に優れた現役時代のイメージもあり、スピードと瞬発力勝負が全盛の現代競馬に対応できるか不安もあっただけに、現状は大健闘と言っていいだろう。父同様、機敏なレース運びは苦手な産駒が多いように映るが、大胆なマクリや思い切った後方一気の追い込みで勝負しているのを見ると「血は争えないな」と微笑ましく見守らずにはいられない。

そんなゴールドシップの子どもたちが見せてくれた数々のレースの中でも、特に印象深く残っているシーンがいくつかある。まずは、ブラックホールとサトノゴールドが鮮烈なワンツーフィニッシュを決めた19年の札幌2歳S。父譲りの豪快な戦法で他馬を飲み込んだそのレースぶりは、期待と不安が入り混じりながら船出を迎えた種牡馬ゴールドシップの未来に希望を与えてくれるものだった。その後、ブラックホールは翌年のクラシック三冠レースに皆勤。残念ながら4歳初戦の万葉Sで8着と敗れた後に故障が判明し、早くに現役を引退することとなった。また、サトノゴールドは以後のレースでことごとく精彩を欠き、再び好走する姿を見ることはできなかった。それでも、父ゴールドシップの存在感を高めてくれた2頭の孝行息子たちの功績は、忘れることなく記憶にとどめておきたい。

いくつもの栄光と喜びを分かち合ってきた戦友・内田博幸騎手が、初めてゴールドシップ産駒を勝利に導いた21年の雅Sも忘れがたい一戦だ。芝を主戦場とする産駒が多い中、ダートで勝ち星を重ねてきたマリオマッハーは、地方交流重賞で活躍したヤマトマリオンとの間に生まれた仔。彼の武器もまた、最後の直線で猛然と追い込む末脚だった。道中は慌てず騒がず後方を追走。4コーナーを回ってもまだ先行集団とは離れた位置にいたが、そこから一気に加速。ジワジワと前との差を詰めにかかり、ゴール前でメイショウダジンをハナ差だけ交わしての勝利だった。鞍上の力強いアクションに応え、雄々しく末脚を繰り出すその姿。芝とダートの違いはあれど、思わず父の現役時代を思い出さずにはいられなかった。

そして最後に、ユーバーレーベンが勝った21年のオークスを取り上げないわけにはいかない。ゴールドシップ産駒にとって初めてのGI制覇を成し遂げた、永遠に語り継がれるべきレースである。

前年の阪神ジュベナイルFでも3着と好走し、世代トップクラスの実力を示していたユーバーレーベン。ただ、3歳になってからはフラワーC、フローラSと続けて3着に終わり、少しもどかしいレースが続いていた。樫の女王を決める一戦には桜花賞馬ソダシや同3着のファインルージュ、そして三冠牝馬アパパネを母に持つアカイトリノムスメら強力なメンバーが集結。その中でもユーバーレーベンは単勝3番人気の支持を受けて決戦に臨んだ。

レースは前半から武豊騎手のクールキャットが馬群を引っ張り、前半1000mが59秒9と平均的なペースで流れた。ほとんど全ての馬が初体験となる2400mを乗り切るには厳しい展開。しかし、父から豊富なスタミナと息の長い末脚を授かったユーバーレーベンにとっては、絶好の条件となった。序盤はじっくり後方で力を温存し、3コーナー手前から徐々に進出。直線では大外から追い込み態勢に入ると、脚色が鈍ったソダシらに代わって先頭に躍り出る。内から忍び寄るアカイトリノムスメや、しぶとく追いすがるハギノピリナらを振り切って、栄光のゴールへ。ゴールドシップがGI馬の父になった瞬間だった。

「恩人」に贈る勝利でもあった。ゴールドシップの種牡馬としての資質に惚れ込み、自らの牧場へと迎え入れた岡田繁幸氏がこのレースの2ヶ月前に逝去。優れた相馬眼と馬への情熱で数々の名馬を世に送り出してきた偉大なホースマンに、初のクラシックのタイトルをもたらしたのだ。

その後は勝ち星を挙げられていないが、22年にはドバイシーマクラシックで海外のＧⅠにも挑戦。海外の強豪や日本のＧⅠ馬たちが名を連ねる中、堂々と5着に好走した姿は、オークスの勝利とはまた違った感動を与えてくれた。

その他にも目黒記念の勝ち馬ウインキートスや、マーメイドSを制しオークスでも3着と善戦したウインマイティーなど、どちらかといえば牝馬の活躍馬が目立つ現状だけに、今後に期待したいのは「後継種牡馬」となり得る優秀な牡馬の登場。そこで現れたのが、23年クラシックを狙うマイネルラウレアである。新馬戦、若駒Sとデビュー2連勝を飾った期待の新星。トップスピードに乗るまで時間を要するのが課題だが、エンジンがかかってからの末脚は目を見張るものがあり、上手にレースができるようになればどれほどの結果を残せるのか楽しみが膨らむ。新馬戦で手綱を取った横山武史騎手からは「お父さんに似て何をするかわからない気性」、若駒Sでコンビを組んだ川田将雅騎手からは「人間と意思疎通ができないのが課題」と厳しいお叱りのコメントが聞かれたが、それも期待の裏返しであり今後に向けての「伸びしろ」。クラシック戦線はもちろん、古馬になってもスケールの大きい走りを見せてくれると信じている。

（橋本祐介）

記憶 2

なぜ東京で勝てなかったのか？・

「ゴルシの七不思議」といわれる東京凡走歴
理由はコースレイアウトなのか、観客の歓声なのか

「面白い馬だなぁ」――ゴールドシップの通算成績を見ると本当にそう思う。

いまさら書くまでもないが、ゴルシの通算成績は28戦13勝で重賞11勝。そのうちGIタイトルは6つを数えるというまさに歴史に残る名馬だが、不思議なことに東京競馬場を苦手としていた馬として記憶されている。芝GIレースで5勝以上を挙げた馬のうち、東京開催のGIを勝てなかった馬は何を隠そう、ゴルシしかいない。

一般的にゴルシが府中のターフを苦手としていた理由として挙げられるのが「上がりが速い展開に対応できないから」「末脚がキレないから」というもの。確かにゴルシの持ち味と言えば向正面過ぎからエンジンに火をつけてギアを徐々に上げていくロングスパート。4角でワープして誰もが驚いた皐月賞も大マクリを打った菊花賞も、そして真のステイヤーとしての意地を見せた6歳時の春天もそうして勝ってきたし、その走りがファンの心を摑んだ。

そんな馬だけに府中のGIで末脚の切れ味勝負となると分が悪いというのが定説だが、戦

績を見ると本当にそうだったの？　と思わせるところがある。

先に書いておくと、ゴルシの東京競馬場での通算成績は［1・0・0・3］。3度の着外はすべてGⅠで、2回挑んだジャパンCではともに2番人気に支持されながら10着以下の大敗を喫している。netkeiba.com に記載された当時の寸評を読むと「展開が不向き（2013年ジャパンC）」「休み明けで東京コースでは仕方のない結果（15年ジャパンC）」といかにもゴルシらしい敗因が書かれているが、ゴルシの重賞初制覇の舞台となったのは東京競馬場。それもクラシック登竜門として名高い共同通信杯で後のダービー馬、ディープブリランテを差し切ってのものだった。

この時のゴルシの上がり3ハロンのタイムは33秒3で、上がり最速を記録したのちの天皇賞馬スピルバーグにわずか0秒1だけしか劣らないものだった。さらに5着に敗れたダービーでの上がり3ハロンの時計はというと、なんとメンバー最速の33秒8。文字通りの超高速馬場で前が止まらなかったというゴルシにとって厳しいレース展開だったが、それでもこれだけ速い上がりを叩き出せるだけのポテンシャルはある。だからゴルシは上がりが速い流れに対応できないわけでも、さらには末脚がキレない馬でも断じてないと言える。

それならなぜ、ゴルシは東京競馬場でなかなか勝てなかったのか…この疑問に対して筆者は以下のような仮説を立てている。

①東京競馬場のコースレイアウトが問題だった説
②大観衆が苦手だった説
③そもそも芦毛馬は東京競馬場を苦手にしている説
——まずは①の説。ゴルシはその脚質から小回りコースの方が向いているといわれていた。確かにデビューから2連勝を飾った函館、札幌といった北海道開催のレースでは連対を外したことはなかったし、阪神でも［6・1・0・1］だったため国内最大の広さを誇る府中のターフが合わなかったというのもわかるが、それ以上に気になったのが地下馬道だ。

東京競馬場の地下馬道はその規模の大きさから他の競馬場と比べると長く、さらに装鞍所からパドック、そして本馬場に出るまでに3回も通る。パドックから暗いトンネルを通って陽の差す本馬場に出るとなると、気性の激しいゴルシがイレ込まないわけがない。それで本来の力を発揮できなかったと考えられそうだが…これだと初めて府中で走った共同通信杯で好走できた理由が説明できない。そう考えると②の説が正解だろうか。

思えば、ゴルシが府中で敗れたのはダービーと二度のジャパンC。ともに10万人以上の大観衆が押し寄せ、普段とは違う盛り上がりを見せる大レース。①の説との併せ技で精神状態が不安定になったゴルシが大観衆を前にしてイレ込んでしまい、大敗を喫したという形で仮説立証となりそうだが、ダービーやジャパンCと同じかそれ以上に大観衆が押し寄せる有馬記念では通算［1・0・2・1］。ラストランとなった15年の有馬記念（8着）を除けばすべてで馬券に絡んでいるし、3歳時の有馬記念はスタートで出遅れたにもかかわらず圧勝しているだけに、これもイマイチパンチに欠ける感がある。

ならば③の説か。一見オカルトチックに見えるが、芝GIを3勝以上した芦毛馬のうち、東京開催のGIを勝ったのはなんとオグリキャップ（90年安田記念）のみ。メジロマックイーンやビワハヤヒデ、さらにクロノジェネシスも東京ではビッグタイトルに恵まれなかった。そう考えるとあながちオカルトとも言えないことはよくわかる。ということで84年〜22年までに東京競馬場で開催された芝GIの毛色別成績を調べてみた。

対象となった全230レースのうち、最多勝となったのは全出走馬のおよそ半数を占める鹿毛の127勝で、芦毛は勝利数で言えば全体4位の13勝。だが、勝率別でみると芦毛は栗毛や黒鹿毛よりも高い5・3％を記録して全体4位。上位2位は出走数が50もない白毛と青毛なので、実質トップの鹿毛の6・7％に次いで2位という好記録。中でもマイルのGIレースに限れば勝率は6・9％に上昇して鹿毛（6・7％）を抜いて実質トップにまで浮上する。これを見ると芦毛は府中のターフを得意としていると言ってもいいくらいだ。

ならばなぜ、ゴルシは東京競馬場でなかなか勝てなかったのか…そうした疑問をいつまでもファンに抱かせる。ゴールドシップはやっぱり憎めないし、本当に面白い馬だ。**（福嶌弘）**

記憶
3

ゴールドシップの「隠れ記録」

同一重賞3連覇だけではない！
出走数、最終出走時期、2ケタ着順回数…

2013～15年の阪神大賞典を3連覇したゴールドシップは、史上6頭目となる「同一重賞3連覇」を遂げた。

セカイオー　鳴尾記念（56～58年）
シゲルホームラン　セイユウ記念（93～95年）
タップダンスシチー　金鯱賞（03～05年）
エリモハリアー　函館記念（05～07年）
マツリダゴッホ　オールカマー（07～09年）
アルバート　ステイヤーズS（15～17年）

JRAにおける同一重賞3連覇は、ゴールドシップ以外にこの6頭が遂げている。なお障害では先ごろ引退したオジュウチョウサンが中山グランドジャンプ5連覇という偉業を達成している。ともにステイゴールド産駒であるが、ステイゴールド自身が当時「重賞最多連続出走（36回）」を遂げた丈夫な馬でもあった（現在はヒットザターゲットの40回）。同馬の血を受け継いだ産駒も「丈夫さ」が一つの特徴であるようだ。

春の天皇賞を「3回目の出走で制した」のも歴代唯一（グレード制導入後）である。2回目の出走で制した馬はマヤノトップガン（97年）、イングランディーレ（04年）、レインボーライン（18年）の3頭がいるが、2年連続で敗れたレースを3年目に制するのも、近代競馬では非常に珍しいケースだ。

ゴールドシップが挙げた「重賞11勝」は、12勝を挙げたスピードシンボリ、オグリキャップ、テイエムオペラオーに続き、重賞勝利記録として第2位である。ディープインパクトとキタサンブラック、アーモンドアイの10勝を上回る「隠れ記録」でもある。

また、GⅠ6勝以上（芝限定　海外レース含む）を挙げた馬のうち、6歳冬まで現役を続けた馬もゴールドシップのみである。

アーモンドアイ　最終出走5歳（15戦　GⅠ9勝　騎乗者2人）
シンボリルドルフ　最終出走5歳（16戦　GⅠ7勝　騎乗者1人）
テイエムオペラオー　最終出走5歳（26戦　GⅠ7勝　騎乗者1人）
ディープインパクト　最終出走4歳（14戦　GⅠ7勝　騎乗者1人）
ウオッカ　最終出走6歳（26戦　GⅠ7勝　騎乗者5人）

ジェンティルドンナ　最終出走5歳（19戦　GⅠ7勝　騎乗者8人）
キタサンブラック　最終出走5歳（20戦　GⅠ7勝　騎乗者5人）
オルフェーヴル　最終出走5歳（21戦　GⅠ6勝　騎乗者2人）
ブエナビスタ　最終出走5歳（23戦　GⅠ6勝　騎乗者6人）
ロードカナロア　最終出走5歳（19戦　GⅠ6勝　騎乗者5人）
モーリス　最終出走5歳（18戦　GⅠ6勝　騎乗者7人）
グランアレグリア　最終出走5歳（15戦　GⅠ6勝　騎乗者2人）
ゴールドシップ　最終出走6歳（28戦　GⅠ6勝　騎乗者7人）

以上の通り、芝GⅠ6勝以上馬のうち、6歳で走ったのはゴールドシップとウオッカのみ。ウオッカは6歳初戦でドバイワールドカップを目指し前哨戦のマクトゥームチャレンジラウンドに出走するも、レース中に鼻出血を発症して引退した。

6歳まで現役を続けた結果、テイエムオペラオーの26戦を上回る28戦という出走数を記録。これもまたゴールドシップの強健さを物語っている。

GⅠを勝つほど、競走馬は「優等生扱い」されていく。ファンからは大物とみなされ、生産界からは「種牡馬としての価値」が認知される。ディープインパクトやコントレイルがそうであった通り、経済動物でもある競走馬は強すぎるほど早めに引退→種牡馬入りという構図が多くみられるが、ここでもゴールドシップは例外だった。

また、GI6勝以上馬のうち、乗り替わりが多かったのもゴールドシップの特徴だ。シンボリルドルフ（岡部幸雄）、テイエムオペラオー（和田竜二）、ディープインパクト（武豊）は1人の騎手が騎乗し続けた。アーモンドアイもルメール騎手以外の騎乗は戸崎圭太騎手（シンザン記念）の1回のみ。対してゴールドシップはジェンティルドンナに次ぐ7人が騎乗してきた。

最後に、GI6勝以上を挙げた馬のうち、2ケタ着順を4回記録したのもゴールドシップのみである。

2ケタ着順を記録したことのあるGI6勝以上馬はオルフェーヴル（京王杯2歳S10着　春の天皇賞11着）、ウオッカ（有馬記念11着）、キタサンブラック（日本ダービー14着）の3頭のみ。オルフェーヴルは2歳時の京王杯で2ケタ着順を味わっており、「大物」と認知されて以降は1回のみだ。

対してゴールドシップはジャパンC15着、凱旋門賞14着、宝塚記念15着、ジャパンC10着。凱旋門賞以外の3レースは1、2番人気だった。

やはり、ゴールドシップは「他に例をみない馬」だったと感じてならない。


（後藤豊）

記憶4

年度代表馬に選ばれなかった「黄金の船」

芝GI6勝以上馬のうちわずか2頭
ライバルが強すぎた巡りあわせ

芝のGI6勝を挙げたゴールドシップの悲運の一つが「年度代表馬に選ばれなかった」ことである。

GI6勝以上馬は過去13頭。JRA賞が始まった1987年以前のシンボリルドルフを除くと12頭存在するが、年度代表馬に選ばれなかったのはゴールドシップとグランアレグリアの2頭のみである。

2頭の現役時には強力なライバルが存在した。3歳時にGI3勝を挙げたゴールドシップには同年代の三冠牝馬ジェンティルドンナがおり、同馬はジャパンCでオルフェーヴルを破りGI4勝を挙げて年度代表馬に選ばれた。2年後の5歳時にはドバイシーマクラシックと有馬記念を勝利。引退レースとなった有馬記念ではゴールドシップに0秒1ほど先着して有終の美を飾ったが、今思えば、もしもゴールドシップが勝っていれば宝塚記念&有馬記念のグランプリ連覇となり、GI勝利も一つ増えていた。

ジェンティルドンナに敗れた有馬記念は「ゴールドシップが年度代表馬を逃したレース」でもあったわけだ。

ゴールドシップは前年の宝塚記念でジェンティルドンナに3馬身ほど先着していたが、同年秋のジャパンCで1秒4もの大差をつけられた。5歳時の宝塚記念では再び先着してGⅠ5勝目を挙げるも、4度目の対決となった有馬記念はジェンティルドンナの先行力に及ばなかった。

しかし3着を確保しており、海外レーティングで日本馬初の世界一ホースとなったジャスタウェイや、ジャパンCを勝った直後のエピファネイアに先着している。

同じケースはグランアレグリアにもあてはまる。

20年の同馬は高松宮記念2着、安田記念優勝、スプリンターズS優勝、マイルCS優勝で短距離GⅠを〝準完全制覇〟。しかも安田記念では年度代表馬に選ばれたアーモンドアイを破っている。

にもかかわらず、アーモンドアイが年度代表馬となったのは、同馬が史上最多となるGⅠ9勝目をジャパンCで挙げるなど年間GⅠ3勝を記録し、そのジャパンCで無敗三冠馬コントレイルとデアリングタクトを寄せ付けなかったインパクトがあまりに強烈だったためでもある。安田記念で敗れたグランアレグリアと同じ年間GⅠ勝利数ながら年度代表馬に選ばれたのも、このレースが決定打となったわけだ。

このように、強力なライバルがいた2頭は年度代表馬に選出されなかった。

同じことは無敗三冠馬コントレイル（GⅠ5勝）にも言える。

過去の牡馬三冠馬はナリタブライアン、ディープインパクト、オルフェーヴルと全馬が年度代表馬に選出されたが、コントレイルはジャパンCでアーモンドアイに敗れ、競馬史上に刻まれる無敗三冠馬であるにもかかわらず栄誉を逃してしまった。

ともに三冠牝馬であるジェンティルドンナとアーモンドアイの現役時は、競走馬のレベルが高すぎたのである。

その観点でみると、ディープインパクトが連続で年度代表馬となった2年間は「ライバル不在の1強時代」だったとも言える。

ディープインパクトのライバルを見ると、GⅠ2勝以上を挙げたのはシーザリオ（オークス・アメリカンオークス）のみ。翌年は1歳下のメイショウサムソンが皐月賞とダービーを制し、1歳上のダイワメジャーも秋の天皇賞とマイルCSを勝っていたが、2頭とも有馬記念でディープインパクトの後塵を拝している。ちなみに年度代表馬に2回以上選ばれた馬はシンボリルドルフ、シンボリクリスエス、ディープインパクト、ウオッカ、キタサンブラック、アーモンドアイの6頭だ。

過去の年度代表馬のうち、年間GⅠ1勝で選ばれたのが99年のエルコンドルパサーだ。同馬はフランスで4戦し、GⅠはサンクルー大賞を勝ったのみだったが、続く凱旋門賞の2着が評価され、日本で春秋天皇賞連覇を果たしジャパンCも制したスペシャルウィークや、宝塚記念と有馬記念を制したグラスワンダーを差し置いて選出された。当初はスペシャルウィークが83票を集め、エルコンドルパサーは72票だったが、2頭とも過半数に達しておらず、選考委員会がエルコンドルパサーを選出するというイレギュラーな結果となっている。

このように、年間のGⅠ勝利数1勝で年度代表馬に選ばれる馬もいれば、3勝を挙げても選ばれない馬がいる。これもまた、年度代表馬選出のアヤと言えるだろう。

（小川隆行）

馬名	受賞年度と実績		受賞年度と実績(2度目)	
アーモンドアイ	18年	牝馬三冠、ジャパンC	20年	ジャパンCなどGI3勝
テイエムオペラオー	00年	有馬記念などGI5勝		
ディープインパクト	05年	無敗三冠馬	06年	有馬記念などGI4勝
ウオッカ	08年	安田記念、天皇賞・秋	09年	ジャパンCなどGI3勝
ジェンティルドンナ	12年	牝馬三冠、ジャパンC	14年	有馬記念などGI2勝
キタサンブラック	16年	ジャパンCなどGI2勝	17年	有馬記念などGI4勝
ブエナビスタ	10年	ヴィクトリアM、天皇賞・秋		
モーリス	15年	安田記念などGI3勝		
ロードカナロア	13年	安田記念などGI4勝		
オルフェーヴル	11年	牡馬三冠、有馬記念		
ゴールドシップ	受賞なし			
グランアレグリア	受賞なし			

芝GI・6勝以上の年度代表馬

記憶5

ゴールドシップに翻弄された男

WIN5リーチの共同通信杯で勝たれアメリカジョッキークラブCで単勝どっかん↓7着惨敗…

2012年2月12日。ウインズ新橋に向かう電車内で、私はWIN5を投票した。

1レース目（飛鳥ステークス）は1番人気オールザットジャズ。

2レース目（雲雀ステークス）は1番人気サクラゴスペルと2番人気シルクウェッジ。

3レース目（桜島ステークス）は1番人気クリュギストと3番人気アイファーソング。

4レース目（京都記念）は1番人気ダークシャドウと5番人気トレイルブレイザー。

最後のレース（共同通信杯）は少し迷った。2戦2勝の1番人気ディープブリランテと、4戦して連を外していない2番人気ゴールドシップのどちらにするか。あるいは2頭に投票するか。

ディープブリランテは出世レースである東京スポーツ杯2歳Sを勝っており、東京コースは合っている。一方のゴールドシップは札幌2歳ステークスとラジオNIKKEI杯とも2

着。単勝オッズもディープブリランテは2倍を切っており、ゴールドシップは4・1倍。「ディープブリランテの力が上」とみて1頭にした結果、1×2×2×2×1＝合計800円を投票した。当時、WIN5は1回も当てたことがなく、「当たるわけがない」と思っていたため800円で済ませたのだ。

個人的な話で恐縮だが、WIN5を買うと準メインの馬券を買わずに楽しめる。昔から財布に金があると余計なレースを買ってしまうため、WIN5で「見学」をするのだ。

加えてこの日は筆者が執筆をしている競馬雑誌で、競馬好きな著名人に馬券を購入してもらい、そのリポートを執筆する仕事を抱えていたため、馬券購入に時間を使えないのもWIN5購入の理由だった。

馬券好きな著名人の購入方法は学べる点が多く、この前月はインスタントジョンソンのじゃいさんが馬券購入費の3万円を7万円に増やしてくれており、彼の購入スタンスに驚愕したことが記憶に残っている。

ウインズ新橋に到着すると、漫画家の蛭子能収さんと合流した。蛭子さんは京都記念をトレイルブレイザー（1着）とダークシャドウ（2着）の2頭軸マルチで購入。3連単186倍を18点で仕留め、プラスは確実となった。

トレイルブレイザーが京都記念を勝った瞬間、私は一気に緊張が高まった。というのも、

WIN5にリーチがかかったからだ。何度か購入してきたがリーチをかけたのは初めてで、もはや蛭子さんの勝負結果など、どうでもよくなってしまった。

どぎまぎしている私に蛭子さんに「どうしたの?」と問いかけられた私は「ウ、ウイン5がリーチで…」と返した。「おお。最後はどの馬?」「ディープブリランテです」「単勝1・4倍だね、大丈夫じゃない」と励ましてくれた。

ディープブリランテがハナに立ち、やや遅めのスタートを切ったゴールドシップは4番手を追走する。競馬人生初の大緊張をした私は直線で粘るディープを目にして「ディープ! 岩田!」と大絶叫するも、残り100mでゴールドシップが先頭に…。想定払い戻し額85万円は露と消え呆然自失となった私は、蛭子さんに「ゴールドシップは買わなかったんだ。800円ケチって170万円損したね」と笑われた。

蛭子さんと別れた私は編集者と新橋で大酒を飲み、ものすごい泥酔をしてしまった。

ここから私はゴールドシップを「天敵」とみてアラを探すようになり、同馬が出走するたびに別馬の単勝を買い続けた。秋は3戦(神戸新聞杯、菊花賞、有馬記念)ともゴールドシップを切ってハズレ。大一番の日本ダービーでは「共同通信杯で敗れた馬が勝てるわけがない」と優勝馬ディープブリランテをも早々に切るなど翻弄されまくった。

しかし、こうした憎しみも時間とともに解消されていった。古馬になって負けが続くと「共同通信杯で負けてくれていれば…」と話のネタにするなど親しみを覚えてきた。
時が過ぎ、迎えた6歳初戦のアメリカジョッキークラブCは「負ける要素」が見当たらなかった。中山コースは皐月賞優勝、有馬記念でも3年連続3着以内。前走の有馬記念もジェンティルドンナにコンマ1秒差の3着。前走はGI馬が9頭もいたが、今回はゴールドシップのみ。特殊コースである中山で好走を重ねてきた同馬の単勝は1・3倍。

「わずか2分で30%の利益になる」と感じた私は、西船橋の消費者金融で借りた10万円を同馬の単勝に迷うことなくブチ込んだ。

出遅れずスタートしたゴールドシップを見て、最大の関門を突破したと感じた。あとは後続をどれだけ引き離すか、とワクワクしながら見ていると、3コーナー手前で早くも鞍上の岩田康誠騎手がゴールドシップを追い出している。前方との差は一向に縮まらず、外を回って直線に入ってもまるで伸びない。先頭のクリールカイザーに遅れること3馬身差の7着。周囲から「まじかー」「ふざけんな!」などの罵声が飛ぶ中、私は「一度ならず二度も三度も四度も…」と、ゴールドシップをにらみまくった。同馬に翻弄されまくった自分が情けなくなり、共同通信杯以来の泥酔をした。

（小川隆行）

2015年1回9日
中山
11レース
第56回 (GII)
アメリカジョッキーC
WIN 単勝 WIN
8 ゴールドシップ
100,000円
JRA 中山
1月25日
合計 ★10,000枚 ★100,000円
0606002201638 1010010311989 60088796 330227

記憶6

穴党予想家が振り返るゴルシのシルシ

ピンかパーの人気馬は買い時がわかりやすい名馬だった

本番と同じ中山競馬場で行われる弥生賞やスプリングSではなく、皐月賞のステップレースに共同通信杯を選ぶことが主流になりつつある昨今ではあるが、1986年以降、このローテーションで皐月賞を制したのはゴールドシップが初めて。その後、10年間で実に5頭の皐月賞馬を輩出し、今では〝黄金ローテ〟になったが、当時は邪道だったこの臨戦が嫌われてか皐月賞のゴールドシップは4番人気。常に1~2番人気に推され、全28戦の中でもっとも低い支持率ではあったが、蓋を開けてみれば2馬身半差の圧勝。内が悪くなった馬場を考慮して外を回るライバルたちを、そして1番人気に推さなかった私たちをあざ笑うかのような強さを見せたが、穴党の私には馬券の相手としてどう扱うかが焦点の存在になった。

それからのゴールドシップは、上がりメンバー最速タイの脚を使いながらもポジショニングの差でダービーこそ5着に敗れたが、秋は神戸新聞杯を順当に勝ち菊花賞で二冠制覇。ジャパンCを見送って挑んだ有馬記念はスタートで行き脚がつかず馬群から離れた後方でレースを運んだが、3コーナーでエンジンに火がつくと大外を回って歴戦の古馬たちをひと捻り。私はこの年、10番人気のオーシャンブルーから勝負したが、ルメール騎手の好リードで馬場の中程から抜け出しを図った我が本命馬を離れた外から並ぶ間もなく突き放したゴールドシップの走りに脱帽。単勝馬券は紙くずになったが、ゴールドシップは馬連の大本線。完全的中は夢に終わったが、負けて納得のレースだった。

年が明け、阪神大賞典を危なげなく勝ち上がった前年の最優秀3歳牡馬ではあったが、単勝1・3倍の圧倒的な支持を受けた春の天皇賞は4コーナーで先行集団に取り付いたものの、そこから本来の爆発力がなく5着に敗れてしまう。しかし、フェノーメノやジェンティルドンナとの〝三強対決〟で盛り上がった宝塚記念では3馬身半の差をつける完勝。実はこの時、有給休暇を利用して広島のマツダスタジアムへヤクルトスワローズの応援に出かけていたのだが、◎ダノンバラード（5番人気）が三強に割って入る2着と健闘。ゴールドシップは▲の評価だったが馬連は本線で5150円の好配当。WINS広島で仕込んだ馬券のおかげで旅費をすべて賄うことができた。

さて、夏を越したゴールドシップはというと、秋の始動戦となった京都大賞典で5着に敗れ、続くジャパンCは見せ場もなく15着に大敗。生来の気難しい面がとうとうレースにも影響しはじめたか…と思われたが、ブリンカーの装着とR・ムーア騎手への乗り替わりが効いたのか、有馬記念で3着と復調の兆しを見せる。ただ、私はこのレースでゴールドシップを初めて無印にした。それは、同じ負けるにしても、ジャパンCではいつもの追い上げがなかったから。結果的に馬券の対象になってしまったが、〝ヌケ〟にして悔いはなく、逆に、凡走後でも2番人気の支持を受けたことで、自分の中では人気先行で切りがいのある馬という評価に変わっていった。

5歳になったゴールドシップは阪神大賞典を勝利するが、春の天皇賞で凡走（7着）。しかしそこから横山典弘騎手を新パートナーに宝塚記念連覇と、前年に近い成績を残す。このGⅠ2戦における同馬の評価は△と○だったが、宝塚記念は本命のカレンミロティック（9番人気）が2着に頑張り、またしても馬連を本線で的中。春のグランプリでは頼りになる存在であったが、二の脚こそつかないもののゲートの出は良くなり、有馬記念ではそれまでより前で競馬ができるようになっていた。

気性が成長したかと思わせたゴールドシップは翌年、前2年と違いアメリカジョッキークラブCから始動するが、有馬記念の疲れが抜け切らなかったのか、ここは7着と人気を裏切ってしまう。

しかし、続く阪神大賞典を3連覇すると鬼門だった天皇賞（春）を初制覇。この時はレースとの相性を考えて自信のヌケにしたが、悲願を達成したゴールドシップを心から祝福したのを覚えている。

そして、前人未踏の3連覇に挑んだ宝塚記念。私の印は○だったが、ゲートで立ち上がってしまい大きな出遅れ。レースに参加できず15着と大敗したが、これで気持ちが切れたのか、スタートこそ互角に切れてもダッシュがそれまで以上につかなくなり、見せ場止まりで8着の有馬記念を最後に引退となった。

ゴールドシップはGI路線の主役になった3歳以降、2着が1回、3着が有馬記念の2回と〝ピンかパー〟に近い走りを見せた。人気になりやすいタイプでもあり、キャリアを重ねるにつれてコースの得手不得手もはっきりしてきたから、思い切ってヌケにする価値があった。私の中では、気性は荒くても買い時がわかりやすい貴重な馬だった。

（久保木正則）

年次	出走レースと着順	ゴールドシップに打った印	◎を打った本命馬
2012年（3歳）	皐月賞（1着）	△	サトノギャラント（9人気6着）
	日本ダービー（5着）	△	コスモオオゾラ（10人気6着）
	菊花賞（1着）	○	タガノビッグバン（6人気14着）
	有馬記念（1着）	○	オーシャンブルー（10人気2着）
2013年（4歳）	天皇賞・春（5着）	△	フォゲッタブル（10人気10着）
	宝塚記念（1着）	▲	ダノンバラード（5人気2着）
	ジャパンC（15着）	△	エイシンフラッシュ（3人気10着）
	有馬記念（3着）	無印	デスペラード（7人気7着）
2014年（5歳）	天皇賞・春（7着）	△	ヒットザターゲット（16人気15着）
	宝塚記念（1着）	○	カレンミロティック（9人気2着）
	有馬記念（3着）	△	ワンアンドオンリー（5人気13着）
2015年（6歳）	天皇賞・春（1着）	無印	アドマイヤデウス（3人気15着）
	宝塚記念（15着）	○	ヌーヴォレコルト（3人気5着）
	ジャパンC（10着）	無印	ラストインパクト（7人気2着）
	有馬記念（8着）	△	サウンズオブアース（5人気2着）

ゴールドシップが出走したGIレースで久保木氏が打った印一覧

記憶7

ゴールドシップに引き継がれた「芦毛伝説」

オグリやマックイーンを飛び越え 競馬史に刻んだ芦毛トップの実績

今から40年ほど前、芦毛馬とは珍しい存在だった。メジロマックイーンの父であるメジロティターンが秋の天皇賞を勝った際、「親仔二代で制覇した。父のメジロアサマも芦毛だった」と聞き、神秘的なイメージを持ったのが芦毛との最初の出会いだった。

数年後、昭和の終わりに2頭の芦毛馬がファンの注目を集めた。タマモクロスとオグリキャップ。前者は条件戦を勝つと破竹の連勝を続け、春の天皇賞と宝塚記念を制していた。後者は地方の笠松競馬から中央へ移籍、14連勝中で怪物と称されていた。

2頭の初対決は1988年秋の天皇賞。「プロ野球史上最高の名勝負」とされたロッテ対近鉄の10日後に行われた。逃げるレジェンドテイオーの2番手につけたタマモクロスが、直線で迫るオグリキャップを寄せ付けず、昭和最後の天皇賞馬として名を刻んだ。2走後の有馬記念では先を走ったオグリがタマモを半馬身差で下し、初のGI制覇を遂げた。

ここからオグリキャップはGI3勝を挙げ競馬界の大ヒーローとなった。引退レースの有馬記念は多くのファンが感動した名勝負であり「競馬をギャンブルからレジャーへ変えたレース」とも言われている。

芦毛対決の翌年、史上初の「芦毛のダービー馬」が誕生した。ウィナーズサークル。「普通の芦毛は生まれてすぐはネズミ色っぽい少しくすんだ色をしてるよね。それなのにあの馬は最初から真っ白だった」と、管理した松山康久師が語る通り、神秘的な何かを持っていた（和田章郎著『吹け！ 白い風』より）。同馬は年間30数頭しか生まれない茨城県産唯一のダービー馬として、歴史にその名を刻んだ。

このウィナーズサークル誕生の翌年に生まれたのが、ゴールドシップの母父であるメジロマックイーンである。父に芦毛の天皇賞馬メジロティターンを持つ同馬は菊花賞を制し、翌春には父仔三代で春の天皇賞を制した。メジロマックイーンの長距離適性がゴールドシップに受け継がれた結果、ゴールドシップは芦毛馬最多となるGⅠ6勝を遂げている。

芦毛とは「両親のどちらかが芦毛でなければ生まれない」とされている。ある生産者に尋ねた際、「芦毛の遺伝子は競走能力とは無関係」と言われたが、メジロアサマからメジロティターン、そしてメジロマックイーンへと受け継がれ、さらにゴールドシップを世に送り出したとなると、神秘性を感じずにはいられない。

オグリ、マックイーンの活躍後に登場したのがビワハヤヒデ。皐月賞、ダービーとも2着だったが、菊花賞をレコードで制すると春の天皇賞と宝塚記念を連勝した。デビューから15戦連続で連対を果たすなど、競馬ファンの期待を裏切らなかった。管理した浜田光正調教師が「デリケートな馬だったので、関東遠征（2着5回）には弱かった」と語っている通り、長距離輸送のたびに負けていた。なお半弟の三冠馬ナリタブライアンは父のブライアンズタイムと同じ黒鹿毛である。

昭和の終わりから令和までの約40年において、セイウンスカイ、ヒシミラクル、そしてゴールドシップと「芦毛の菊花賞馬」は5頭誕生しており「芦毛は長距離でこそ」、というイメージもあったが、それを覆したのがマイル＆ダート戦で活躍したクロフネだ。NHKマイルCでGI初制覇を遂げると、秋にはダート戦に矛先を変えてジャパンCダートを制した。わずか2戦のダート戦では2着馬を大きく突き放す走り。父としてもホエールキャプチャやカレンチャン、アエロリットなど短距離芦毛GI馬を輩出、さらに白毛のソダシも送り出し「芦毛の種牡馬」としては堂々のチャンピオンだ。

そんなクロフネの孫にあたるのがGI4勝を挙げたクロノジェネシスだ。宝塚記念2勝＆有馬記念1勝はゴールドシップと同じであり、芦毛の有馬記念制覇はオグリキャップを含めて3頭しかいない。「芦毛の牝馬」として堂々のトップでもある。繁殖初年度はエピファネイアと交配されたが、仮にゴールドシップと交配されたら「芦毛の10冠ベイビー」と呼ばれるはず。有馬記念に出走したら間違いなく単勝を買いたくなるだろう。

昭和の時代「芦毛は走らない」と言われたが、平成になると30頭近くのGI馬が誕生した。時代が令和に入ると白毛のGI馬も送り出された。

時代は繰り返される。30年後は白毛馬の活躍が当たり前になっているかもしれない。


（小川隆行）

馬名	GI勝利数	最初の勝ち鞍
ゴールドシップ	6勝	皐月賞
オグリキャップ	4勝	有馬記念
メジロマックイーン	4勝	菊花賞
クロノジェネシス	4勝	秋華賞
ビワハヤヒデ	3勝	菊花賞
ヒシミラクル	3勝	菊花賞
タマモクロス	3勝	天皇賞・春
セイウンスカイ	2勝	皐月賞
アドマイヤコジーン	2勝	朝日杯3歳S
クロフネ	2勝（注）	NHKマイルC
カレンチャン	2勝	スプリンターズS
レッドファルクス	2勝	スプリンターズS
ウインブライト	2勝	QE2世C
メジロアサマ	1勝	天皇賞・秋
プレストウコウ	1勝	菊花賞
メジロティターン	1勝	天皇賞・秋
ダイシンフブキ	1勝	朝日杯3歳S
ウィナーズサークル	1勝	日本ダービー
プレクラスニー	1勝	天皇賞・秋
ハクタイセイ	1勝	皐月賞
オグリローマン	1勝	桜花賞
ファビラスラフイン	1勝	秋華賞
フサイチリシャール	1勝	朝日杯FS
ローブデコルテ	1勝	オークス
キャプテントゥーレ	1勝	皐月賞
ジョーカプチーノ	1勝	NHKマイルC
スノードラゴン	1勝	スプリンターズS
ホエールキャプチャ	1勝	ヴィクトリアM
エイシンヒカリ	1勝	香港C
アエロリット	1勝	NHKマイルC
ノームコア	1勝	ヴィクトリアM

芦毛の芝GI馬
（注）クロフネはダートGIを含む2勝

毛色	割合	最多勝馬
鹿毛	約50%	アーモンドアイ（9勝）
栗毛	約25%	テイエムオペラオー（7勝）
黒鹿毛	約14%	ブエナビスタ（6勝）
芦毛	約7%	ゴールドシップ（6勝）
青鹿毛	約3%	メジロラモーヌ、マンハッタンカフェ（3勝）
栃栗毛	1%以下	サッカーボーイ、サクラローレル（2勝）
青毛	1%以下	シーザリオ、ヴィブロス（2勝）
白毛	0.1%以下	ソダシ（3勝）

毛色別GI勝率＆最多勝馬

記憶 8

ゴールドシップを人間に例えたら?

GIを勝ったかと思えば大敗する
あるプロ野球選手との共通点が見えてきた!

「ゴールドシップを人間に例えると」――こんな想像をしてみた。能力の高さや気性の激しさ、成績のムラなどをみると、有名アスリートの中で一人の人物が思い浮かんだ。

プロ野球選手だった清原和博だ。

清原は長距離打者でゴールドシップは長距離が得意だったが、いろいろ調べてみると、いくつもの共通点がみえてくる。

まずはプロ野球における歴代本塁打数だ。

1位	**王　貞治**	**868本**
2位	**野村克也**	**657本**
3位	**門田博光**	**567本**
4位	**山本浩二**	**536本**

5位　清原和博　525本

ホームラン数をGI勝利数と考えると、1位の王貞治はGI9勝を挙げたアーモンドアイ、2位の野村克也はディープインパクト。野村とディープは引退後の功績も似ている。歴代5位となる清原の525本は、GI6勝＝歴代3位タイのゴールドシップを思い起こさせる。

清原は西武時代、4番としてチームを引っ張り、ほぼフル出場で毎年20本塁打以上を放つなど打撃成績も安定していたが、巨人時代は成績に好不調が目立った。

成績が安定していた西武時代は20代。ゴールドシップも3歳時代は6戦5勝でGIも3勝、4歳春（人間に例えれば20代）も3戦2勝と成績は非常に安定していた。

しかし、4歳秋以降は4着以下が8回と成績にムラが出始めた。清原も30代だった巨人時代、シーズン別の本塁打数は32・23・13・16・29・12・26・12・22とムラが生じている。

GIを勝ったかと思えば大敗するなど「成績の波」も共通している。

また「球場」と「競馬場」にも面白い点が見えてくる。

高校野球のスターだった清原は、PL学園時代、甲子園通算ホームラン13本を放った。これは今でも破られぬ大記録だ。

しかし、プロ入り後は甲子園で不調が目立った。清原が巨人時代に甲子園球場で放った本塁打（年度別）は次の通り。

1・1・3・1・1・1・5・0・1

これに対し、東京ドームでは、

17・10・4・5・20・7・9・9・10

驚くほどの違いがある。ドームで年間約60試合、甲子園では約10試合と試合数の差はあるにせよ、高校時代とプロでは「甲子園での結果」がまるで異なる。甲子園ナンバー1バッターだった清原はプロでもホームランを525本放ったが、憧れの地である甲子園では14本にとどまっている。

これもゴールドシップを彷彿とさせる。そう、東京コースでの結果だ。3歳時（人間でいえば高校時代）は共同通信杯を勝ったものの、古馬になるとジャパンC15着、2年後のジャパンCも10着…。

清原は藪恵壹からたびたび死球を食らうなど、阪神戦ではたびたび怒りにかられた。ゴールドシップも東京コースの日本ダービーで展開に恵まれず5着に終わっている。

清原＝甲子園、ゴールドシップ＝東京コース。この2つは「見えないトラウマ」だったのかもしれない。

「気分が乗ると成績もよくなる」。この点も似ている。清原はホームラン・打点・打率の打撃タイトルをついぞ獲得できなかったが、短期決戦の日本シリーズでは打ちまくり、優秀選手賞や敢闘賞を合計5回獲得している。

ゴールドシップも連続好走（連続3着以内）は28戦中11回（合計17レース）。しかし3レース続けての好走は、古馬以降は皆無だった。

ここまでは成績を見てきたが、次に「性格と気性」を比べてみる。

清原で思い出すのが「バット投げつけ事件」だ。1989年9月23日。西武球場で行われたロッテ戦で死球を受けた清原は、マウンドの平沼定晴に向かってバットを投げつけヒップアタックをした。

両軍入り乱れる乱闘の末に退場処分となったが、ゴールドシップが威嚇してきたトーセンジョーダンにキレたとのエピソードは有名だ。

最後に。現役時代の清原は女性が大好きで、夜の帝王とも言われた。ゴールドシップも種付けが得意だと聞いている。

清原もゴールドシップも本能に忠実だったのだろう。優れたアスリートのもう一つの顔にとてつもない好感を覚えてしまう。

（後藤豊）

座談会

ゴールドシップとその時代

〈出席者〉

小川隆行（編集者）

緒方きしん（ウマフリ代表）

福嶌弘（競馬ライター）

まさかの2周目向正面からロングスパート。3度目の正直でついに春の盾を手中に。

ゴールドシップのデビューから引退までの軌跡。
激走と凡走のギャップに心を揺さぶられ続けた
ゴールドシップ大好き三人衆が年度ごとに語り尽くす

メジロ牧場の解散と同時期に登場した芦毛の新星！オルフェーヴルらに続く「ステマ」配合の素質馬

緒方：ゴールドシップが現役生活を過ごした時代を振り返っていきましょう。デビューは、2011年です。春には東日本大地震があり、競馬界も大きな影響を受けました。

福嶌：皐月賞も東京開催に変わりましたね。優勝馬オルフェーヴルの登場などによりステイゴールドが見直され始めた時代に出てきたのが、ゴールドシップです。

小川：オルフェーヴルが三冠を達成する約3ヶ月前の7月にデビューしたんだよね。当時はPOGをやめたので2歳戦に疎かったんだけど、当初はそんなに注目されていなかったんじゃない？新馬戦も2番人気だったし。

福嶌：いえ、ドリームジャーニーとオルフェーヴルの活躍で、すでにステイゴールド・メジロマックイーンの配合は良いのではと囁かれていました。

緒方：デビュー戦、コスモス賞を連勝したゴールドシップは、そのまま札幌2歳Sに挑戦。1番人気のグランデッツァも2番人気のゴールドシップも、デビューから秋山真一郎騎手とコンビを組んでいた馬。秋山騎手はグランデッツァとのコンビ継続となり、ゴールドシップは安藤勝己騎手とコンビ結成しました。現地で見ていましたが、ゴールドシップの追い込みが印象に残りましたね。

福嶌：秋山騎手はデビューから2戦連続で先行させていましたね。ゴールドシップのズブさをわかっていたんでしょう。あの時の乗り替わりがなかったらゴールドシップは綺麗な競馬をする先行馬になっていたかもしれません。

小川：そしたら、今ほどの圧倒的な人気を集める馬にはなっていなかったかもしれないね。そういう意味では、運命的な乗り替わりだったと言えるよね。

緒方：2011年にはもう一つ、競馬界で大きなニュースがありました。メジロ牧場の解散です。長年にわたり競馬界を盛り上げてきた牧場がなくなったタイミングで、メジロマックイーンの血を受け継ぐ馬たちが活躍し始めたんですよね。

福嶌：ゴールドシップという馬には、そういう時代の流れに反逆するようなところがあったのかもしれません。近代競馬150年のなかで培われてきた、勝率が高い「先行ポジションからの競馬」に真っ向から反逆するような、ロックな気質があったと思いますね。

ゴールドシップの戦績

2011年7月9日　2歳新馬戦　2番人気　1着
2011年9月10日　コスモス賞（OP）1番人気　1着
2011年10月1日　札幌2歳S（GⅢ）2番人気　2着
2011年12月24日　ラジオNIKKEI杯（GⅢ）3番人気　2着

この年のできごと

東日本大震災の影響で東京開催となった皐月賞をオルフェーヴルが制覇したほか、ヴィクトワールピサのドバイWC制覇やJBCレディスクラシック創設などがあった。一方、メジロ牧場の解散・荒尾競馬の廃止も。

2012

ファンを驚かせた皐月賞でのワープ！ダービーは5着と敗れるも菊花賞を完勝して二冠馬に

緒方：3歳となったゴールドシップは共同通信杯に出走。のちのダービー馬ディープブリランテらを相手に差し切りました。

福嶌：ゴールドシップは勢いそのまま、皐月賞も制覇。現地にいたんですが、レース後にザワザワしていました。グランデッツァが5着だったのもあるかもしれないですが、それ以上に「何が起こったんだろう⁉」と。

小川：中山で、最後方から競馬した2頭のワンツー。衝撃的だったね。まさにワープ。

福嶌：馬場が悪く他馬が外を回す中、内側からピッタリとハマる凄まじいレース。その破天荒さにスポットが当たり始めたのがこの頃で、一気に全国区の馬となりました。

緒方：この世代はワールドエースやグランデッツァといった評判馬がしっかり強かった年ですからね、スポットが当たるのもちょっと遅れたのかもしれません。担当されていた今浪厩務員に当時の話を聞いてみると「レース前は好感触でした。ただあの世代は強い馬ばかりだったから、そこそこ良い勝負ができるんじゃないかな…という感じで、まさか勝つとは」と仰っていました。

小川：あの脚を持っていても、東京競馬場のダービーで勝てなかったのも興味深いよね。

福嶌：あのダービーは前が残る展開になりましたね。ただ、ゴールドシップが上り最速の33秒8を出したというのは衝撃的。あとからゴールドシップのファンになった人にとっては俄かに信じがたいタイムかもしれません。

小川：菊花賞はダービーの上位4頭がこなかったというのもあって完勝だった。続く有馬記念も制したあたりから、完全にスターホースとして定着したね。

緒方：ただ、有馬記念の人気投票では、同期のジェンティルドンナ、フェノーメノに後れを取る6位なんですよね。意外ですが、有馬記念の前だと、まだ爆発的な人気を集めてはいなかったようです。その有馬記念はステイゴールド産駒のワンツーでした。

小川：ディープインパクト産駒VSステイゴールド産駒という構図でも楽しめた時代だよね。この頃はゴールドシップが6歳まで現役を続けるとは思わなかったなぁ。

ゴールドシップの戦績

2012年2月12日　共同通信杯（GⅢ）2番人気　1着
2012年4月15日　皐月賞（GⅠ）4番人気　1着
2012年5月27日　日本ダービー（GⅠ）2番人気　5着
2012年9月23日　神戸新聞杯（GⅡ）1番人気　1着
2012年10月21日　菊花賞（GⅠ）1番人気　1着
2012年12月23日　有馬記念（GⅠ）1番人気　1着

この年のできごと

ジェンティルドンナが牝馬三冠を達成、オルフェーヴルが凱旋門賞2着、ロードカナロアが香港スプリントを制覇など大物が続々と活躍。10歳のいぶし銀・トウカイトリックがステイヤーズSを制覇しファンを沸かせた。

まさかの惨敗、そして宝塚記念で見せた圧巻の走り。暮れの大一番では唯一となるオルフェーヴルとの直接対決も

緒方：いよいよ古馬となったゴールドシップですが、シーズン緒戦の阪神大賞典を制しながらも天皇賞（春）で5着に敗れてしまいます。

福嶌：衝撃的でしたね。菊花賞の内容からして天皇賞（春）で負けるわけないと思っていました。

小川：ダービーで先着を許したフェノーメノよりも人気になっているのは引っ掛かっていたんだよ。ただ、母父デインヒルだしな…と。フェノーメノは強かったけど、ゴールドシップ自身も不思議な負け方だったよね。

福嶌：鞍上のリアクションも「あれ？　おかしいな」というような押し方でした。

小川：ただ、その次走の宝塚記念は強かったね。個人的にはあれがベストレースかも。

福嶌：内田騎手の気迫もすごかったです。まるで「ゴールドシップはこんなもんじゃないんだぞ」と見せつけるかのようなレースぶり！

小川：これで勝ち続けるかと思いきや、京都大賞典で5着、ジャパンCで15着と連続で人気を裏切る。人間もだけど、馬もなかなか好調が続くわけじゃない。体調的にはどうだったのかな？　返し馬をよく見ていたけど、全然わからなかった。

緒方：スタートするまでわからない馬でしたよね。

体調というより気分なんでしょう。ただ、ジャパンCでの大敗後、有馬記念でR・ムーア騎手に乗り替わったことで、また雰囲気が変わっていきます。

福嶌：第3章の開幕といった感じですね。初のブリンカーもこの有馬記念。ここで何かを変えたいという陣営の意気込みを感じた一戦でした。

小川：ゴールドシップは後ろから行くんだけど、さらに後方にいたオルフェーヴルが突き放すというすごい競馬を見せつけた。

緒方：有馬記念のファン投票ではオルフェーヴルとキズナに続く3位にランクイン。前年よりもかなり順位を上げました。

福嶌：正統派のオルフェーヴル、個性派のゴールドシップという関係性だった印象がありますね。

小川：もっと2頭の戦いを見たかったな…。他の競馬場だったら、どんな決着になっていただろう?

福嶌：得意なコースも似ていた気はしますが、是非とも阪神2200mで見たかったですね!

ゴールドシップの戦績

2013年3月17日　阪神大賞典（GⅡ）1番人気　1着
2013年4月28日　天皇賞・春（GⅠ）1番人気　5着
2013年6月23日　宝塚記念（GⅠ）2番人気　1着
2013年10月6日　京都大賞典（GⅡ）1番人気　5着
2013年11月24日　ジャパンC（GⅠ）2番人気　15着
2013年12月22日　有馬記念（GⅠ）2番人気　3着

この年のできごと

春は桜花賞（C・デムーロ騎手）→皐月賞（M・デムーロ騎手）、オークス（武幸四郎騎手）→ダービー（武豊騎手）と兄弟リレーが続いた。トウカイテイオー、ブライアンズタイム、エアグルーヴといった名馬の訃報も。

2014

「劇薬」と「劇薬」が出会った奇跡の宝塚記念。渡仏も経験し、芦毛のアイドルがいよいよ不動の人気獲得へ

福嶌：5歳になって、連覇のかかった阪神大賞典では2番手から上がり最速で勝利。ただ、天皇賞（春）ではキズナに1番人気を譲ります。

小川：前年よりも良い脚は使ったと思うけど、7着というのがね。どうにかしなくてはいけない雰囲気はあったと思う。

福嶌：良い意味で「劇薬」と「劇薬」が出会ったのが、宝塚記念。ここから人気に拍車がかかります。レースの日は東京競馬場にいたんですが、現地でもないのにゴールドシップグッズに身を包んだ女性がモニターに向かって黄色い歓声をあげていたんです。まるでパブリックビューイング。熱狂的なファンが増え始めていることを実感した瞬間でした。宝塚記念を連覇したゴールドシップは凱旋門賞の前哨戦として、札幌記念へ。ハープスターとの二強対決で盛り上がりました。

緒方：札幌記念の熱気はすごかったです！　まだまだ暗いうちに正門に着いたのにすでに大行列。ゴールドシップが仕掛けて、ハープスターも対抗してあがっていく展開で盛り上がりました。

小川：2頭とも後方からいったしね。上りはゴールドシップが上も斤量差もあり届かなかった。

緒方：あのレースを見て「今年の凱旋門賞はすご

いぞ！」と思ったものです。凱旋門賞はオルフェーヴルが2年連続で2着となっていましたが、いずれも勝ち馬は牝馬。斤量差がカギと言われている中で3歳牝馬のハープスターが向かい、血統的にはフランス適性の高そうなゴールドシップ、海外実績のあるジャスタウェイと、当時考えられる最高のメンバーだったように思います。

小川：実は、ゴールドシップは重馬場を走っていないんだよ。時計かかる方が得意だと思うけど、あの年は時計の速い凱旋門賞になってしまった。

緒方：有馬記念のファン投票では、ジェンティルドンナ、ハープスターをおさえ、遂に1位を獲得。人気が不動のものになっていきました。

小川：GI馬が10頭も揃ったすごく豪華な有馬記念だったね。ジェンティルドンナの復活劇には驚いたなぁ。そしてゴールドシップは現役を続行。既にGIを5勝している名馬が6歳でも走り続けるというのはちょっと記憶にない。それだけ、規格外な馬だったんだろうね。

ゴールドシップの戦績

2014年3月23日	阪神大賞典（GⅡ）	1番人気	1着
2014年5月4日	天皇賞・春（GⅠ）	2番人気	7着
2014年6月29日	宝塚記念（GⅠ）	1番人気	1着
2014年8月24日	札幌記念（GⅡ）	1番人気	2着
2014年10月5日	凱旋門賞（GⅠ）	7番人気	14着
2014年12月28日	有馬記念（GⅠ）	1番人気	3着

この年のできごと

朝日杯が中山から阪神に変更、ホープフルSが設置されるなど2歳戦に大きな変更があった。また、ゴールドシップ同厩のジャスタウェイがドバイDFを圧勝し世界トップ評価に。凱旋門賞に日本馬3頭が参戦。

2015

芦毛の怪物の伝説の航路も最終章へ突入！AJCCではまさかの7着惨敗も、そこから驚きの復活劇

小川：いよいよ現役生活も終盤、というところで出走したAJCCで7着と負けているのも、今ではちょっと笑ってしまうよね。ゴールドシップらしい。本当に面白い馬だよ。

福嶌：現地でパドックを見ていたら、いつもより優しそうに見えたんです。毛色も真っ白になっていたし…。負けた時に「もう今後は勝てないだろうな…」と思ったんですよ。でも、そこから阪神大賞典と天皇賞（春）でまさかの連勝。これ、古馬になってから唯一の連勝ですよ？　摑みどころがなさすぎる馬だと、改めて衝撃を受けました。

緒方：その天皇賞（春）ですが、ファンはよくぞ2番人気にしましたね。2年連続で負けているわけですし、応援馬券を加味してもなかなか…。

福嶌：スムーズな勝ち方でしたよね。そして宝塚記念で、強烈な出遅れからの大惨敗。

小川：ジャパンCでも二ケタ着順となったのに、ラストランの有馬記念では1番人気に。すごいことだよね。複勝は3番人気で、馬連もラブリーデイを軸としている方が売れていることからも、象徴的なオッズだと思う。

緒方：父のステイゴールドがこの世を去ったのが、2015年の春。偉大な父と入れ替わるように

ゴールドシップが馬産地へと旅立ったのは感慨深いものがありました。

小川：これでゴールドシップの現役生活に終止符が打たれた。個人的に全28戦で一番強さを感じたのは4歳の宝塚記念。皐月賞も強かったけど、展開も向いたとも思うし。緒方くんは？

緒方：メンバーレベルを度外視して、レースのインパクトで言えば菊花賞ですかね。心を揺さぶられたのは、場内の雰囲気も含めて札幌記念です。

福嶌：実は僕も、一番強かったと思うのは菊花賞。強さを再認識したレースでした。逆に京都大賞典は悔しかった！　宝塚記念で「この馬は正攻法で勝てる馬にスイッチした！」と思っていたし、道中もその通りの競馬をしていて安心して見ていたのに、いやー直線で伸びない…。

緒方：そんな風に負けたレースを笑いながら語り合えることが、この馬の持つ魅力ですね。自らを超えるようなアイドルホースを送り出してくれることに期待していきたいです！

ゴールドシップの戦績

2015年1月25日　アメリカジョッキーCC（GⅡ）1番人気　7着
2015年3月22日　阪神大賞典（GⅡ）1番人気　1着
2015年5月3日　天皇賞・春（GⅠ）2番人気　1着
2015年6月28日　宝塚記念（GⅠ）1番人気　15着
2015年11月29日　ジャパンC（GⅠ）2番人気　10着
2015年12月27日　有馬記念（GⅠ）1番人気　8着

この年のできごと

年明けには2勝馬だったモーリスが、条件戦から6連勝で国内外マイルGⅠを3勝し年度代表馬を受賞。有馬記念ではゴールドアクターが勝利し、次なるアイドルホースである3歳馬キタサンブラックが3着に。

おわりに

「ゴールドシップとは何だったのか」

――本書の制作をしながら、ずっと考えていたこと

気分屋。破天荒。常識外。王様。思い浮かんだこのような言葉に、改めてこの馬の価値を感じました。

ほかの馬には真似ができない。だからこそ、ファンの脳裏から離れないのでしょう。

長い間競馬に携わっていると、競馬とは「人生を映す鏡」だと感じます。

思い通りに行かないことも多いが、時に思いもよらぬ結果も待っている。

だからこそ、私を含めた競馬ファンは、競馬を一生やめられないのでしょう。

話は変わりますが、本書を制作中、執筆を手伝ってくれた福嶌弘がビッグレッドファームで以下のような話を聞いたそうです。

「現役時代のイメージとは異なり、種牡馬としてはおとなしく、悪い性格ではない」

「父のステイゴールドは目がギラギラしていたが、ゴールドシップにはそれがなく、むしろ優しい目をしている」

「レースや調教のストレスを感じやすい馬だったようで、そこから解放された今はかなり優しくなった」

人間に例えれば「能力はあるけれど好き嫌いが激しかった」といった感じでしょうか。闘争心が上手く点火すると一流馬をも破りますが、一度火が消えると二段階、いや三段階格下の相手にさえ敗れてしまう。相撲に例えれば「15戦全勝した翌場所、ころりと平幕に敗れる横綱」です。

これぞ、ゴールドシップの魅力だったのだと思います。

人間の指示などお構いなし。本能のままに生きてきた。羨ましさすら感じます。

種牡馬となったゴールドシップが、自身と似たキャラの一流馬を輩出してくれたら、私を含めた多くのファンは、またも翻弄されるでしょう。

一喜一憂するのを楽しみに、出走馬の父欄に注目していきます。

小川隆行

ゴールドシップとハープスターが札幌に来た日のざわめき

本書をお買い上げいただいた皆様、ありがとうございました。小川さんとともに本書の作成に携わらせていただきました、競馬サイト「ウマフリ」代表の緒方きしんと申します。

名馬ゴールドシップの魅力に取りつかれた人を、本当に多く知っています。圧勝したと思えば、驚くほど呆気なく負ける――白星と黒星のコントラストは、この芦毛の名馬が持つ大きな魅力の一つでしょう。勝つのか負けるのか、勝因や敗因はどこにあるんだ、そもそもあるのかという馬券的な注目度・不安定感も、彼のアイドル性に多くの人が気が付く機会を創出していたのだと思います。競馬をスポーツ的に楽しむファンだけでなく、ギャンブルとして「ゴールドシップの取捨を見極めて勝ちたい」という馬券ファンも巻き込んで、ゴールドシップ旋風は盛り上がっていったのです。勿論、私も巻き込まれた一人です。

私にとって一番思い出深いゴールドシップの名勝負も、彼が勝てなかった一戦です。

札幌出身の私にとって札幌記念というのは大変に重要なレースで、それこそダービーや有馬記念のような気持ちでその日を待っているものです。改修工事が終わったばかりの新・札幌競馬場で開催されたのが、2014年の札幌記念です。ゴールドシップとハープスター、2頭のアイドルホースが来るとあって、レース前から大注目を集めました。

まだ暗いうちに到着した開門前の札幌競馬場、既に出来上がっていた長蛇の列と母が作ってくれた朝ごはん用のお弁当、開門後の席取りとパドックでのワクワク感――。思い出のシーンは数知れませんが、一番はレースが始まり、ゴールドシップが捲っていった時のことです。対抗するようにスパートをかけるハープスター。並んでポジションをあげていく2頭を見た現地のファンは、大歓声をあげるのではなくザワついたのです。もちろん歓声もあがってはいましたので、非常に主観的な感想ではあります。ただそれでも、私には、あの瞬間に競馬場を包んだ「一体、どんな結末が待っているんだろう」という興奮した呟きの集合体が、ゴールドシップの持つ魅力を表現しているように感じられるのです。

今でも、競馬関係の方と札幌記念の話になると「ゴールドシップとハープスターが来た年はすごかったよね！」と言われます。私も、そう思います。そんな素晴らしい札幌記念を演出してくれた名馬の書籍に携われたことは、私にとって本当に光栄で貴重な経験でした。

取材に協力してくださった今浪厩務員、ビッグレッドファームの方々にも、改めまして、この場をお借りして厚く御礼申し上げます。本当に有難うございました。

緒方きしん

執筆者紹介（五十音順）

今浪隆利　いまなみ・たかとし
1958年、福岡県出身。栗東・内藤繁春、中尾正厩舎を経て、2009年からは須貝尚介厩舎の厩務員に。ゴールドシップやソダシといった名馬を担当。

大嵜直人　おおさき・なおと
文筆家、心理カウンセラー。サラブレッドを通じて、世界の美しさを描くことをライフワークに。「ウマフリ」に寄稿、共著『競馬　伝説の名勝負』『テイエムオペラオー伝説』。

緒方きしん　おがた・きしん
1990年北海道生まれ。競馬ライター。競馬コラムサイト「ウマフリ」の代表を務める。「netkeiba」『競馬の天才!』「SPAIA」などに寄稿。好きな馬はレオダーバンなど。

小川隆行　おがわ・たかゆき
1966年千葉県生まれ。牡57。ライター&編集者。中山競馬場の近くで生まれ育ち、高校時代にミスターシービーの皐月賞を目にして熱狂的な競馬ファンに。ゴールドシップは思い出の1頭。現役当時は嫌いだったが、今は競走馬を学ばせてくれる貴重な馬だと感じている。

勝木淳　かつき・あつし
競馬ライター。優駿エッセイ賞2016グランプリ受賞。SPAIA競馬、競馬コラムサイト「ウマフリ」、競馬雑誌『優駿』などに寄稿。Yahoo! ニュース個人オーサー。

金川夢路　きんがわ・ゆめじ
1963年大阪府・堺生まれ。父親の影響で小学生の頃から競馬中継を見て育ち、ステイゴールド現役時、彼の魅力に心酔。Twitterでは「ステイゴールド一族応援団」として活動中。

久保木正則　くぼき・まさのり
1997年日刊競馬新聞社に入社。1年間の編集部勤務を経て美浦支局へ配属。調教タイムを採りつつ、その動きを見極める日々を送る。

後藤豊　ごとう・ゆたか
ギャンブル・女・酒・野球に明け暮れ30年になる馬券オヤジ&タクシードライバー。

齋藤翔人　さいとう・とびと
京都府出身。大学卒業後、サラリーマン生活を10年以上送るも、競馬に関わる仕事がしたい気持ちを抑えきれず脱サラ。競馬コラムサイト「ウマフリ」で重賞回顧を連載中。

治郎丸敬之　じろうまる・たかゆき
『ROUNDERS』編集長。好きな馬はヒシアマゾン、ブラックホーク。主な著書に『馬体は語る』。「ウマフリ」では馬主としての奮闘記を寄稿。あなたと競馬が100年続きますように。

手塚瞳　てづか・ひとみ
栃木県出身。慶應義塾大学文学部卒。ウマの書記係。第15回Gallopエッセー大賞受賞。NPO法人日本インタビュアー協会認定インタビュアー。「ウマフリ」にも寄稿。

橋本祐介　はしもと・ゆうすけ
1982年生まれのコピーライター。中学生時代に競馬と出会い、以後ファン歴は25年を超える。コラムサイト「ハシスポ」を運営する傍ら「ウマフリ」にも寄稿。

福嶌弘　ふくしま・ひろし
1986年生まれ。父の影響で競馬に興味を持ち、小学生の頃に見たスペシャルウィークに惹かれて以来、競馬にのめり込む毎日を過ごすように。バイク・クルマ雑誌の編集者を経て競馬をメインとしたスポーツ系のライターに。

望田潤　もちだ・じゅん
競馬ライター。血統評論家。育成牧場従業員を経て競馬通信社編集部に在籍。サイト「血統屋」「競馬道ONLINE」など様々な媒体で血統に関するコラムや予想を執筆中。馬主・生産者の配合アドバイザーも務める。

和田章郎　わだ・あきお
1961年生まれ。大学卒業後に中央競馬専門誌ケイバブックに入社。「競馬こそ究極のエンターテインメント」がモットー。

ゴールドシップ伝説《でんせつ》 愛《あい》さずにいられない反逆児《はんぎゃくじ》

二〇二三年 五月二二日 第一刷発行

編著者 小川隆行《おがわたかゆき》＋ウマフリ

アートディレクター 吉岡秀典《よしおかひでのり》（セプテンバーカウボーイ）

発行者 太田克史《おおたかつし》

デザイナー 榎本美香《えのもとみか》

編集担当 持丸剛《もちまるつよし》

フォントディレクター 紺野慎一《こんのしんいち》

校閲 鷗来堂《おうらいどう》

発行所 株式会社星海社
〒一一二-〇〇一三
東京都文京区音羽一-一七-一四 音羽YKビル四階
電話 〇三-六九〇二-一七三〇
FAX 〇三-六九〇二-一七三一
https://www.seikaisha.co.jp

発売元 株式会社講談社
〒一一二-八〇〇一
東京都文京区音羽二-一二-二一
（販売）〇三-五三九五-五八一七
（業務）〇三-五三九五-三六一五

印刷所 凸版印刷株式会社

製本所 株式会社国宝社

ISBN978-4-06-531925-3
Printed in Japan

261
SEIKAISHA SHINSHO